Muhammad Sameer Murtaza

Schalom und Salam

W0045311

Muhammad Sameer Murtaza

Schalom und Salam

Wider den islamisch verbrämten Antisemitismus

Im Namen Gottes, des Erbarmers, des Barmherzigen

Bibliographische Information der Deutschen Nationalbibliothek
Die Deutsche Nationalbibliothek verzeichnet diese Publikation in
der Deutschen Nationalbibliographie; detaillierte bibliographische
Daten sind im Internet über http://dnb.ddb.de abrufbar.

ISBN 978-3-95779-085-9

Erste Auflage 2018

(Dieses Buch ist auch als E-Book erhältlich)

© 2018 Info3-Verlagsgesellschaft Brüll & Heisterkamp KG,
Frankfurt am Main

Satz: Ulrich Schmid, de·te·pe, Aalen
Covergestaltung: Frank Schubert unter Verwendung des Motivs:
Die Begegnung von Muhammad und Mose während der Himmels-
reise, Türkisches Manuskript, 16. Jahrhundert, Archiv des
Verfassers

Druck und Bindung: CPI books GmbH, Leck

Inhaltsverzeichnis

Statt eines Vorwortes:
Die Fähigkeit zur Selbstkritik

Anschläge auf Synagogen, zunehmend antisemitische Äu-
ßerungen auf den Schulhöfen und die Warnung des Zentralrats der Juden, sich in bestimmten Stadtvierteln besser nicht
als Juden zu erkennen zu geben, alle diese Entwicklungen
in den letzten Jahren weisen auf ein wachsendes Problem
hin, das sich nicht länger ausschließlich auf den Rechtsradi-
kalismus beschränkt, sondern sich auch auf muslimische
Mitbürger ausdehnt. Wie groß dieses Problem tatsächlich
ist, hierzu fehlen derzeit noch aussagekräftige Studien. Die
kleine Anzahl vorhandener Untersuchungen weist jedoch
seit Jahren darauf hin, dass antisemitische Einstellungen bei
muslimischen Mitbürgern dabei sind, eine problematische
Größe zu erreichen.[1]

Es stellt sich daher sowohl gesellschaftsrelevant als auch
innermuslimisch die Frage, ob der Islam und die Muslime
an sich antisemitisch sind oder antisemitische Einstellungen
ein späteres Konstrukt darstellen, das Eingang in den Islam
gefunden hat. Trifft Letzteres zu, so können diese im Be-
reich der Bildungsarbeit theologisch und geschichtlich de-
konstruiert werden. Daran anschließend stellt sich die
Frage, was Muslime zukünftig tun können, um präventiv

---

1   Vgl. Kiefer, Michael (2012) u. Unabhängiger Expertenkreis Anti-
    semitismus (2017: 75).

gegen antisemitische Einstellungen in der eigenen Gemein-schaft (*umma*) vorzugehen. Der erste Schritt jedoch, um diese Fragen zu beantworten, besteht in der Fähigkeit zur schonungslosen Selbstkritik.

Wer heutzutage die Bibliothek der prestigeträchtigen Harvard Law School betritt, dürfte überrascht sein. Ihren Eingang schmückt ein Vers aus dem *Qur'ān*:[2]

> O ihr, die ihr glaubt!
> Tretet für die Gerechtigkeit ein, wenn ihr vor Gott Zeugnis ablegt, und sei es gegen euch selber oder euere Eltern und Ver-wandten.
> Handele es sich um arm oder reich, Gott steht euch näher als beide.
> Und überlasst euch nicht der Leidenschaft, damit ihr nicht vom Recht abweicht. Wenn ihr (das Recht) verdreht oder euch (von ihm) abkehrt, siehe, Gott weiß, was ihr tut. (4:135)

Das Anbringen dieses Verses rechtfertigen die Initiatoren damit, dass er ein Zeugnis für die Beständigkeit der mensch-lichen Sehnsucht nach Gerechtigkeit und menschlicher Würde mit Hilfe des Rechts ist. Dies ehrt uns Muslime un-gemein – aber wie verhält es sich mit der praktischen Um-setzung dieses Verses? Die Gerechtigkeit ist jenes *qur'āni-sche* Ideal, an dem sich auch die Muslime immer wieder selbst messen und messen lassen müssen. Dies erfordert schonungslose Selbstkritik und da, wo Muslime in Unrecht verstrickt sind, auch Läuterung.

---

2   Vgl. Words of Justice (o. J.).

Nicht jede Kritik am Islam und an Muslimen ist Ausdruck von Islamophobie und verfolgt destruktive Absichten. Anstatt dass Muslime in ein vorislamisches Stammesdenken zurückfallen und allesamt gegen jede noch so legitime Kritik eine Festungsmentalität entwickeln, gilt es eine Position der Souveränität und Stärke einzunehmen. Sie besteht darin, zuzuhören, unvoreingenommen die vorgebrachte Kritik einer wissenschaftlichen Untersuchung zu unterziehen und, sofern sie sich als berechtigt erweist, konstruktive Schritte einzuleiten, um Missstände in der eigenen Gemeinschaft zu beheben.

Die Befürchtungen unserer jüdischen Mitbürger herunterzuspielen und zu verharmlosen, wird keine Probleme lösen, sondern sie weiter anschwellen lassen. Mein Mentor Murad Hofmann sagte nicht umsonst einmal, wo Rauch ist, da ist auch Feuer. Insofern können Muslime dem Zentralrat der Juden und seinen Warnungen nur dankbar sein, denn er nimmt sie in die Pflicht, dort die Stimme zu erheben, wo gegen das Ethos des Islam verstoßen wird.

Die großen Reformer des Islam im 19. Jahrhundert – Jamal Al-Din Al-Afghani (gest. 1897) und Muhammad Abduh (gest. 1905) – haben ihre Glaubensgeschwister immer wieder an die Notwendigkeit von Selbstkritik, Läuterung und Reform erinnert, wenn sie nachstehenden Offenbarungsvers anführten:

(…) Gott ändert nicht den Zustand eines Volkes, bis sie das ändern, was in ihnen selbst ist. (…) (13:11)

Der *Qur'ān*-Exeget Muhammad Asad (gest. 1992) erläutert, dass dieser Vers „eine Illustration des göttlichen Gesetzes von Ursache und Wirkung (*sunnat Allah*) [sei], das das Leben sowohl von Individuen als auch Gemeinschaften beherrscht und Aufstieg und Niedergang von Zivilisationen von den moralischen Eigenschaften und dem Wandel ihres ‚inneren Selbst' abhängig macht."[3]

Ohne die Bereitschaft, sich als Gemeinschaft so wahrzunehmen wie man tatsächlich ist, ohne den Willen, es auszusprechen, wenn das eigene Ideal pervertiert wird, ohne den Mut, sich zu verändern, können Muslime ihre religiös begründete Aufgabe auf Erden nicht erfüllen, nämlich Barmherzigkeit für alle Menschen zu verkörpern und frei von allen Extremen zu sein, wenn es in der Offenbarung heißt:

> Und damit aus euch eine Gemeinde wird, die zum Guten einlädt, das Rechte gebietet und das Unrechte verbietet. Sie sind es, denen es wohl ergehen wird. (3:104)

> Und so haben Wir euch zu einer Gemeinschaft der Mitte gemacht, damit ihr Zeugen über die (anderen) Menschen seiet und damit der Gesandte über euch Zeuge sei. (…) (2:143)

Dazu müssen Muslime aber immer wieder einen kritischen Blick auf den Zustand und die Handlungen der eigenen Gemeinschaft werfen. Muslim zu sein bedeutet nicht, die eigenen Partikularinteressen zu vertreten oder einen religiösen Chauvinismus zu pflegen, sondern es erfordert gemäß Sure 4, Vers 135 eine – manchmal schmerzhafte – Tugend, nämlich das Einstehen für Gerechtigkeit, auch wenn es gegen einen selber geht:

---

3   Asad, Muhammad (2009: 460).

O ihr, die ihr glaubt! Steht in Gerechtigkeit fest, wenn ihr vor Gott bezeugt.
Der Hass gegen (bestimmte) Leute verführe euch nicht zu Ungerechtigkeit.
Seid gerecht, das entspricht mehr der Gottesfurcht.
Und fürchtet Gott. Siehe, Gott kennt euer Tun. Gott hat denen, die glauben und das Rechte tun, Verzeihung und gewaltigen Lohn versprochen. (5:8-9)

Wenn die muslimische Gemeinschaft sich jeder berechtigten Kritik von außen verwehrt, beraubt sie sich der Möglichkeit zu wachsen. Jeder Muslim und jede Muslima sollte sich selbst fragen, ob er oder sie in seinem oder ihrem Umfeld bereits einmal Antisemitismus begegnet ist, wenn beispielsweise das Wort *Jude* als Schimpfwort gebraucht wurde, oder Juden von der Kanzel (*minbar*) verflucht wurden, oder wir in unserer Moscheegemeinde auf Schriften gestoßen sind, die mit religiösen Argumenten eine Judenfeindlichkeit befeuerten und legitimierten. Wie haben wir Muslime darauf reagiert? Etwa mit Duldung? Aber ist nicht jede Duldung eine passive Zustimmung? Oder haben wir diesen Judenhass sogar noch befürwortet? Haben wir ihn vielleicht als richtig in unseren Herzen empfunden, als eine adäquate Antwort auf die Politik Israels gegenüber den Palästinensern? Aber ist dies nicht ein Gefühl von genugtuender Rache anstelle des Strebens nach Gerechtigkeit? Ist es nicht ein Gift, das wir uns einträufeln und das unsere Vernunft betäubt und unser Herz vergiftet? Wie können wir noch Islamfeindlichkeit anprangern, wenn wir uns geistig mit den Islamophoben dermaßen berühren? Wie können wir hinsichtlich des Islam und der Muslime Differenzierung einfordern, dies beim Judentum und den Juden selbst aber unterlassen? Wie können wir uns dagegen verwahren für die Politik von Staaten wie dem Iran und Saudi-Arabien verantwortlich gemacht zu werden, wenn wir die Handlungen des Staates Israel mit dem Judentum gleichsetzen?

Das Vorhandensein einer Judenfeindlichkeit in der islamischen Gemeinschaft, im Fühlen, Denken, Sprechen und Schreiben von Glaubensgeschwistern und ihre Legitimierung durch eine angebliche religiöse Beweisführung zwingen uns einzugestehen, dass es einen islamischen Antisemitismus in unseren Reihen gibt – ob essentiell oder konstruiert soll Gegenstand dieser Arbeit sein.

Aber wie können wir Muslime Judenfeindlichkeit mit dem universalen Horizont des *Qur'ān* in Einklang bringen? Wie können wir davon sprechen, der Islam kenne keinen Rassismus, keine Feindseligkeit gegenüber bestimmten Menschengruppen, sondern gestehe allen Menschen die gleiche unverletzliche Würde zu, wenn es ganz offensichtlich diesen Antisemitismus unter uns gibt? Entweder ist die Judenfeindlichkeit inhärenter Bestandteil des Wesens dieser Religion oder sie ist eine Begleiterscheinung, wie sie bei jeder Realisierung von Religion in der Geschichte in Erscheinung getreten ist: nämlich in Gestalt des Unwesens, des pervertierten Wesens einer Religion. Sollte Letzteres zutreffen, dann haben Muslime den Arbeitsauftrag, sich von diesem Unwesen zu reinigen. Doch wie kann dies geschehen?

Billige Polemik, die postuliert, dass der Islam nicht antisemitisch sein könne, da auch Araber Semiten sind, ist keine Auseinandersetzung mit diesem Phänomen, sondern schiebt es zur Seite. Es ist ein Sich-eben-nicht-auseinander-setzen-wollen-und-müssen. Verse aus der Offenbarung selektiv anzuführen, ohne sich auch mit den judenkritischen Passagen zu beschäftigen, ist Apologetik, die aber keine Läuterung nach sich zieht. Es ist ein Glasperlenspiel, das auf ein endloses Vers-Ping-Pong mit jenen Muslimen hinausläuft, die ihre Judenfeindlichkeit mit genau der gleichen Offenbarungsschrift legitimieren. Ist denn keine wirklich aufrichtige, integere, intellektuell überzeugende und empirisch belegbare Antwort möglich?

Das vorliegende Buch will eine solche Antwort geben.

Das Verhältnis von Juden und Muslimen von der Spätantike bis zum Mittelalter

Dem Islamwissenschaftler Navid Kermani zufolge bestehen Religionen „nicht nur aus den Buchstaben, die Gott offenbart hat, sondern auch aus denen, die der Gläubige ignoriert."[4] Dies klingt etwas simplifizierend, aber Kermani weist auf etwas Entscheidendes hin. Durch die islamische Reformation in Gestalt der *salafiyya* ist das Islamverständnis von Muslimen textbezogener geworden unter Ausschluss der geschichtlichen Erfahrung der *umma*. Im *Qur'ān* dagegen wird ein erfahrungsbezogener Zugang zum Verständnis von Gotteswort nahegelegt:

> Wie viele Zeichen gibt es in den Himmeln und auf der Erde, an denen sie vorbeigehen, wobei sie sie unbeachtet lassen! (12:105)[5]

Der Philosoph Jamal Al-Din Al-Afghani klagte über die Textfixierung der Gelehrten seinerzeit mit den Worten:

> Warum wendet ihr eure Augen nicht von diesen blödsinnigen Büchern ab und warum werft ihr nicht einen Blick auf diese weite Welt? Warum beschäftigt ihr nicht eure Betrachtungen und euer Denken mit den Ereignissen [dieser Welt] ohne den

---

4   Kermani, Navid (2016: 107).
5   Siehe auch Sure 3, Vers 137; Sure 32, Vers 26.

Schleier dieser Werke? Dennoch verschwendet ihr keinen Gedanken an diese wichtigen Fragen, die sich jedem intelligenten Mann aufdrängen. Was ist die Ursache von Armut, Mittellosigkeit, Hilflosigkeit und Bedrängnis, die die Muslime erfahren? Und ob es eine Heilung für dieses bedeutende Phänomen und Unglück gibt oder nicht.[6]

Im gleichen Geiste plädierte der syrische Gelehrte Jawdat Sa'id, dass es nicht ausreiche, sich allein mit religiösen Texten zu beschäftigen, vielmehr müsse das Studium der menschlichen Geschichte herangezogen werden, da die Offenbarung sich am Leben orientiere.[7]

Es genügt also nicht, lediglich Verse aufzuführen, die eine Judenfeindlichkeit entweder belegen oder widerlegen. Gerade hier berühren sich derzeit in der muslimischen Gemeinschaft zwei Extreme, nämlich muslimische Antisemiten und sogenannte „liberale" Muslime. Als letzterer inszeniert sich augenblicklich der Islamwissenschaftler Abdel-Hakim Ourghi. Ihm zufolge reicht bereits ein rascher Blick in den *Qur'ān* aus, um einen islamischen Antijudaismus zu belegen. In der muslimischen Offenbarung würden durchgängig Ablehnung, Feindschaft und Gewalt gegen Juden theologisch legitimiert.[8] „Muslime", so Ourghi, „werden dazu erzogen, die Juden zu hassen, nicht nur Israel, sondern alle Juden der Welt."[9] Folglich gehöre die Judenfeindlichkeit zur DNA des Islam und sei von diesem nicht zu lösen. Der

---

6   Ali, Shaukat (2005: 774–775).

7   Vgl. Said, Jawdat (o. J.).

8   Vgl. Ourghi, Abdel-Hakim (2017).

9   Ebda.

Muslim ist nach Ourghi ein Judenfeind per se. In der Konsequenz heißt das, dass diese Form des Antisemitismus unauflösbar ist, es sei denn, man wäre kein Muslim mehr.

Auf den ersten Blick erscheint dies konsequent und folgerichtig. Übersehen wird jedoch, dass Ourghi sich der gleichen literalistischen – also wortwörtlichen – Lesart bedient, wie dies auch die Wahhabiten tun. Zudem negiert er wie diese den empirischen Maßstab der Geschichte, indem er darauf verzichtet, seine Thesen einer Überprüfung zu unterziehen. Im Geiste ist Ourghi damit nicht weniger radikal als die Wahhabiten. Eine Tatsache, die dem Islamwissenschaftler Michael Kiefer nicht entgeht:

Ourghi begründet diese These unter anderem mit der Aufzählung einiger medinensischer Suren, in denen die Juden in einem äußerst ungünstigen Licht erscheinen. Diese Suren gibt es. Jedoch ist eine eklektizistische und literalistische Lesart des Koran und folglich auch dieser Suren grundsätzlich problematisch. So verfahren die Islamisten, die behaupten, jede Aussage des Koran müsse wörtlich genommen werden und sei allzeit gültig. Die meisten muslimischen Gelehrten lehnen einen derartigen Umgang mit dem Koran ab. Dies ist durch eine reichhaltige exegetische Literatur belegt. Wer seriös argumentiert, muss dies erwähnen. Hinzu kommt – und dieser Sachverhalt findet bei Ourghi keine Berücksichtigung – es gibt auch Suren, in denen die Juden ganz anders gesehen werden. Wie z. B. in Sure 29,46. „Und setzt euch mit den Leuten der Schrift nie anders auseinander als auf eine möglichst feine Art." Ein positives Bild zeichnet auch die Sure 2,62: „Siehe, diejenigen, die sich zum Judentum bekennen, die Christen und die Sabier – wer an Gott glaubt und an den jüngsten Tag und rechtschaffen handelt, die haben ihren Lob beim Herren, sie brauchen keine Furcht zu haben und brauchen nicht traurig sein."[10]

Nicht weniger problematisch ist Ourghis Versuch, ein einheitlich denkendes und handelndes muslimisches Kollektiv zu konstruieren. Kiefer kritisiert:

> Kritisch zu erörtern wäre ferner das allgemeine Sprechen über „die" Muslime und ihren Antisemitismus. Ourghi sagt: „Muslime werden dazu erzogen, die Juden zu hassen." Wer sind diese Muslime und wer erzieht sie? In nahezu zwei Dekaden Islamdebatte sollte sich die Erkenntnis durchgesetzt haben, dass es „die" Muslime als klar konstruierte Gruppe in Deutschland nicht gibt. Die Heterogenität ist nachweislich beträchtlich. Die Bandbreite reicht von säkular orientierten iranischen Akademikern über traditionell praktizierende Muslime bis hin zu neosalafistisch orientierten Konvertiten. Zudem sagt der Grad der Religiosität von Muslimen noch nichts über den Grad ihrer antisemitischen Haltungen aus, auch in säkularen Milieus sind sie zu finden. Differenzierung lautet hier das Zauberwort.[11]

Daher gilt auch für Muslime grundsätzlich die Unschuldsvermutung und nicht die Schuldvermutung.[12]

Der Philosoph Friedrich Nietzsche (gest. 1900) teilte die Geschichtsbetrachtung in drei Arten ein: erstens eine monumentalische, zweitens eine antiquarische und drittens eine kritische.[13]

---

10 Kiefer, Michael (2017).
11 Ebda.
12 Vgl. Thurner, Ingrid (2017).
13 Vgl. Nietzsche, Friedrich (2003: 258).

Erstere ist Muslimen heute leider allzu gut vertraut und wenig hilfreich. Hierbei richtet man den Blick einzig auf die Helden der Vergangenheit und die goldenen Zeiten, um dadurch Trost zu erfahren, dass man doch einst groß war und es auch wieder sein kann, trotz der gegenwärtig empfundenen Mittelmäßigkeit.

Was aber der Tatenmensch für eine Selbstkritik und Läuterung benötigt, ist Letzteres, nämlich eine kritische Sicht auf die Historie. Der Historiker muss nach Nietzsche zum Richter werden, der ohne Gnade die vergangenen Zeiten im Hinblick auf die Gegenwart und Zukunft in ihrer Gänze beurteilt und sich von dem löst, was nicht im Dienste des Lebens steht. Für Muslime würde dies bedeuten, sich von dem zu lösen, was nicht im Einklang mit den lebensbejahenden Idealen des Islam steht. Dazu gehört, so der Philosoph Muhammad Iqbal (gest. 1938) jede Form von Rivalität, Stolz und Überlegenheit gegenüber anderen Menschengruppen. Durch diese Haltungen könne sowohl der Glaube an eine unverletzliche transzendente Würde des Menschen als auch der Gleichheitsgedanke nicht bewahrt bleiben.[14]

Es stellt sich daher zunächst einmal die Frage, wie das Verhältnis von Juden und Muslimen in der Geschichte aussah.

---

14 Vgl. Murtaza, Muhammad Sameer (2016: 416–417).

Der jüdisch-muslimische Konflikt in Medina

Rabbi Mark Cohen referierte auf der dritten Konferenz für religiösen Dialog in Doha 2005, dass die Beziehungen zwischen Juden und Muslimen in der islamischen Frühzeit in Medina von feindseliger Konfrontation geprägt wurden, deren Ursache jedoch nicht religiösen, sondern politischen Ursprungs war.[15] Gerade diese Konfrontation aus der Frühzeit des Islam bildet bis heute immer wieder den Stoff für grundlegende Schlussfolgerungen. Deshalb soll dieser Konflikt hier vor dem Hintergrund der immer auch von Existenzkämpfen gekennzeichneten Frühzeit der ersten muslimischen Gemeinde etwas detaillierter betrachtet werden.

Das Jesuswort: *Nirgends hat ein Prophet so wenig Ansehen wie in seiner Heimat und in seiner Familie* (Matthäus 13,57) traf auch auf das Wirken Muhammads (gest. 632) in Mekka zu, wo die kleine monotheistische Gemeinschaft seitens der polytheistischen Mehrheitsgesellschaft zehn Jahre lang verhöhnt, verfolgt und gequält wurde. Ein Ausweg bot sich schließlich durch eine Kontaktaufnahme von arabischen Stammesführern aus Yathrib an, dem späteren Medina. In der Oase Yathrib, einem losen Zusammenschluss von Dörfern, litten die Menschen wegen der unablässigen Fehden zwischen den arabischen und jüdischen Stämmen und untereinander. Weit über Mekka hinaus hatte man den Ruf Muhammads als Botschafter des Friedens und fairen Streitschlichters vernommen und so luden

---

15 Vgl. Doha Third Conference for Religions Dialogue (2005).

die arabischen Stämme Yathribs ihn und seine Gefährten ein, um dort als unparteiische Dritte Frieden zu schaffen.[16]

Aber die arabischen Stämme Yathribs hatten eigenmächtig gehandelt, als sie Muhammad als Schiedsrichter eingeladen hatten. Ein Teil der jüdischen Stämme fühlte sich übergangen und war infolgedessen den Migranten aus Mekka gegenüber feindlich eingestellt. Auch fürchteten sie, durch die Neuankömmlinge ungewollt in einen Konflikt zwischen Mekka und Yathrib hineingezogen zu werden. Zu Recht, denn die Mekkaner fühlten sich durch die Auswanderung der Muslime 622 gedemütigt und nahmen sich vor, die Exilanten notfalls mit Gewalt zurückzuholen. Dies wiederum bedrohte die wirtschaftlichen Interessen einiger jüdischer Stämme Yathribs, da diese in Handelsbeziehungen mit Mekka standen.[17]

In Medina ließ der Prophet 622 rasch eine Gemeinschaftsurkunde aufsetzen, die das Verhältnis der verschiedenen Stämme untereinander und miteinander neu regeln sollte. Der Text verpflichtete alle Parteien zur gegenseitigen Solidarität und Unterstützung. In den Passagen über die jüdischen Stämme heißt es:

Die Juden, die uns folgen, genießen die gleiche Hilfe und Unterstützung, solange sie die Gläubigen nicht ungerecht behandeln und andere gegen sie unterstützen. Der Friede der Gläubigen ist ein einziger. (…) Die Juden (…) bilden mit den Gläubigen eine Gemeinde. Den Juden ihre Religion und den Muslimen die ihre! (…) Sie helfen einander gegen jeden, der

---

16 Vgl. Engineer, Asghar Ali (2011: 10).
17 Vgl. Aslan, Reza (2006: 110).

gegen die Leute dieser Urkunde kämpft. Zwischen ihnen herrscht echte Freundschaft und Treue ohne Verrat.[18]

Unklar ist jedoch, ob die jüdischen Stämme diesem Vertrag zugestimmt haben.

Als die muslimische Gemeinde durch Konvertiten wuchs und damit der Einfluss Muhammads in Medina zunahm, fühlte sich ein Teil der jüdischen Stämme durch die zahlenmäßige Überlegenheit der Muslime entscheidend bedroht, war doch das eingependelte Machtgefüge in der landwirtschaftlich prosperierenden Oase nun empfindlich gestört.[19] Diese Entwicklung konnte nicht ohne machtpolitische Konflikte vonstatten gehen und entlud sich dann in der Konfrontation mit drei von fünf jüdischen Stämmen.

Der erste Konflikt entzündete sich mit dem jüdischen Stamm der Banu Qainuqa. Dessen Mitglieder verdienten ihren Unterhalt vor allem durch die Herstellung und den Handel mit Waffen und Schmuck auf dem Markt von Yathrib sowie dem Geldverleih mit hohen Zinsen. Muhammad machte sich recht zügig daran, dieses Wirtschaftssystem, das er bereits in Mekka verurteilt hatte, zu reformieren. Er beabsichtigte den Geldverleih zu Wucherzinsen zu verbieten und einen zollfreien Markt zu schaffen,[20] wodurch er tief in das Wirtschaftsleben der Banu Qainuqa eingriff. Zwischen den Muslimen und Juden der Banu Qainuqa kommt es nun zu Anfeindungen. Rabbiner des Stammes versuchen Muhammads Autorität zu untergraben, indem sie ihn mit

---

18 Ibn Isḥāq (1999: 112–113).

19 Vgl. Doha Third Conference for Religions Dialogue (2005).

20 Vgl. Aslan, Reza (2006: 79–80).

Fragen herausfordern. Andere weisen Muhammads Behauptung, ein Gesandter Gottes zu sein, brüsk damit zurück, dass Gott eine exklusive Verbindung mit dem Volk Israels eingegangen sei und nur zu diesem Propheten entsendet habe.[21]

Diese verbalen Scharmützel finden sich in der Offenbarung wider, wenn etwa Muhammad diese Exklusivität seinerseits auf Gottes Geheiß unterminiert, indem er auf die Verfehlungen des Volkes Israels verweist, zu dem auch das gewaltsame Vorgehen gegen Propheten wie Zacharias, Johannes dem Täufer oder Jesu gehöre. Muhammad agiert hier nicht anders als die biblischen Propheten vor ihm, wenn etwa im Matthäusevangelium von Jesu folgende Rede überliefert wird:

> Wehe euch, Schriftgelehrte und Pharisäer, ihr Heuchler! Ihr baut den Propheten Gräber und schmückt die Grabmäler der Gerechten und sagt (dabei): Hätten wir in den Tagen unserer Väter gelebt, wir hätten uns nicht mitschuldig gemacht am Blute der Propheten. Damit stellt ihr euch selbst das Zeugnis aus, dass ihr die (echten) Söhne von Prophetenmörder seid. Macht ihr nun das Maß eurer Väter voll! Ihr Schlangen, ihr Otterbrut, wie wollt ihr dem Gericht der Hölle entgehen? (...) (Matthäus 23,29–33)

Ein Echo hiervon findet sich im *Qur'ān*:

> Und Wir gaben Jesus, dem Sohn der Maria, die klaren Beweise und stärkten ihn mit dem Heiligen Geist. War es nicht (so), dass jedesmal, wenn euch ein Gesandter etwas überbrachte,

---

21 Vgl. Ibn Isḥāq (1999: 116–122).

was euren Neigungen nicht entsprach, ihr euch hochmütig ver-
hieltet, indem ihr eine Gruppe der Lüge bezichtigtet und eine
Gruppe tötetet? (2:87)

Niemals jedoch kommt es im *Qurʾān* zu einer Pauschalver-
urteilung von Juden. Immer wieder ermahnt Gott die Muslime vielmehr, zu differenzieren:

> Sie sind nicht alle gleich. Unter den Leuten der Schrift gibt es
> eine aufrechte Gemeinde, welche die Verse Gottes zur Zeit der
> Nacht liest und sich niederwirft. Diese glauben an Gott und an
> den Jüngsten Tag und gebieten das Rechte und verbieten das
> Unrecht und wetteifern in guten Werken; und sie gehören zu
> den Rechtschaffenen. Und was sie an Gutem tun, es wird
> ihnen niemals bestritten; und Gott kennt die Gottesfürchtigen.
> (3:113–115)

Ebenso subversiv musste es den Banu Qainuqa erscheinen,
dass Muhammad das Heil von der Volkszugehörigkeit löste
und es an nur drei Bedingungen festmachte, dem Glauben
an Gott, dem Glauben an ein Leben nach dem Tod und rechtschaffenes Handeln im Leben:

> Siehe, die da glauben, auch die Juden und die Christen und die
> Sabäer – wer immer an Gott glaubt und an den Jüngsten Tag
> und das Rechte tut, die haben ihren Lohn bei ihrem Herrn.
> Keine Furcht kommt über sie, und sie werden nicht traurig
> sein. (2:62)

> Siehe, die Gläubigen und die Juden und die Sabäer und die
> Christen – wer da glaubt an Gott und an den Jüngsten Tag und
> das Rechte tut – keine Furcht soll über sie kommen, und sie
> sollen nicht traurig sein. (5:69)

Siehe, die Muslime und die Juden und die Sabäer und die Christen und die Magier [d.h. Zoroaster] und die Polytheisten – Gott wird gewiss am Tage der Auferstehung zwischen ihnen entscheiden. Siehe, Gott ist Zeuge aller Dinge. (22:17)

Asad sieht in diesen Passagen eine grundsätzliche Lehre des Islam:

Mit einem aufgeschlossenen Weitblick ohnegleichen in irgendeinem anderen religiösen Glauben wird hier die Vorstellung von „Rettung und Heil" von nur drei Bedingungen abhängig gemacht: Glaube an Gott, Glaube an den Tag des Gerichts und rechtschaffenes Handeln im Leben.[22]

Und schließlich wird Abraham zum Kronzeugen erhoben, dass es nicht um Bezeichnungen geht, sondern darum, auf Gott ausgerichtet zu sein:

O Leute der Schrift! Warum streitet ihr über Abraham, wo die Thora und das Evangelium erst nach ihm herabgesandt wurden? Habt ihr denn keinen Verstand? Streitet über das, worüber ihr bescheid wisst! Weshalb streitet ihr über das, wovon ihr nichts wisst? Gott weiß, ihr aber wisst nicht.
Abraham war weder Jude noch Christ; vielmehr war er rechtgläubig, ein Gottergebener und keiner derer, die Gott Gefährten geben. (3:65–67)

In diesem Geiste wehrten sich die frühen Muslime gegen die exklusivistischen Ansprüche der ihnen begegnenden

---

22 Asad, Muhammad (2009: 41).

Juden (und später Christen), die den Anhängern des Islam jegliches Heil absprechen wollten:

> Und sie sprechen: „Ins Paradies treten ausschließlich Juden oder Christen ein." Dies sind ihre Wünsche. Sprich: „Bringt euren Beweis bei, wenn ihr die Wahrheit zu sagen glaubt." In der Tat, wer auch immer sich Gott hingibt und Gutes tut, der hat seinen Lohn bei seinem Herrn; und keine Furcht kommt über sie, und sie werden nicht traurig sein. (2:111–112)

Auch diese Verse erinnern an das Wirken Johannes des Täufers:

> Als Johannes sah, dass viele Pharisäer und Sadduzäer zur Taufe kamen, sagte er zu ihnen: Ihr Schlangenbrut, wer hat euch denn gelehrt, dass ihr dem kommenden Gericht entrinnen könnt? Bringt Furcht hervor, die eure Umkehr zeigt, und meint nicht, ihr könntet sagen: Wir haben ja Abraham zum Vater. Denn ich sage euch: Gott kann aus diesen Steinen Kinder Abrahams machen. Schon ist die Axt an die Wurzel der Bäume gelegt; jeder Baum, der keine gute Frucht hervorbringt, wird umgehauen und ins Feuer geworfen. (Matthäus 3,7–10)

Ganz ähnlich predigte Jesus: *Ich sage euch: Viele werden von Osten und Westen kommen und mit Abraham und Isaak und Jakob im Himmelreich zu Tisch sitzen.* (Matthäus 8,11)

Auf dem Markt von Medina, wo Stammesmitglieder der Banu Qainuqa und Muslime aufeinandertrafen, kam es nun auch zu Gewalt. Der Angriff auf eine muslimische Frau veranlasste einen hitzköpfigen Muslim, einen der Angreifer an Ort und Stelle niederzustrecken. Zeitgleich kursierte der Verdacht, dass die Banu Qainuqa sensible Informationen an die Mekkaner weitergegeben hatten. Dieser Konflikt störte zunehmend das Zusammenleben in der Oase und Muhammad sah sich in seiner Rolle als Schlichter gezwungen, 624 gegen die Banu Qainuqa vorzugehen. Er berief sich auf die von ihm erstellte Verfassung von Medina und unterstellte den Banu Qainuqa ihren Treueeid gebrochen zu haben. Aslan schreibt über diese angespannte Situation:

> In der arabischen Tradition war die Strafe für Verrat genau festgelegt: Die Männer wurden getötet, die Frauen und Kinder in die Sklaverei verkauft, und ihr Besitz wurde als Beute verteilt. Und genau diese Strafe würde, so erwartete man in Medina, jetzt den Banu Qainuqa zuteilwerden. Doch zur allgemeinen Überraschung handelte Muhammad gegen das traditionelle Gesetz und beschloss den Clan aus Medina zu verbannen, ohne ihnen all ihre Habe zu nehmen.[23]

In der nichtmuslimischen Literatur wird in der Regel der Konflikt mit den Banu Qainuqa simplifizierend so dargestellt, als sei Muhammad gegen diesen jüdischen Stamm nur deshalb vorgegangen, weil er Muhammads Anspruch ein Prophet zu sein, zurückgewiesen habe. Fragen der Ökonomie und Politik, die eine differenziertere Sichtweise erfordern, werden in der Literatur lediglich von muslimischer Seite aufgegriffen. Auch stellt sich die Frage: Wenn Muhammad lediglich aus Gründen des niederen Egos die Banu Qainuqa ins Exil schickte, warum tat er dies später nicht mit allen jüdischen Stämmen?

---

23 Aslan, Reza (2006: 111).

Nach der durch die Mekkaner erlittenen Niederlage der Muslime beim Kampfgefecht bei Uhud 625 ging der jüdische Stamm der Banu Nadir das politisch risikoreiche Wagnis ein, sich auf die Seite der Mekkaner zu stellen, schließlich schien es nur noch eine Frage von Tagen zu sein, bis diese Medina einnehmen und sich der Muslime entledigen würde. Auf muslimischer Seite verdichteten sich die Hinweise, dass die Banu Nadir ebenfalls gegen die Verfassung von Medina verstoßen hatten und planten, Muhammad zu ermorden. Für die Muslime schienen die Indizien dermaßen überzeugend und bedrohlich, dass sie direkt nach ihrer Rückkehr von Uhud, dezimiert und verletzt, die befestigte Siedlung der Banu Nadir belagerten. Diese erhofften sich nun die Hilfe ihrer Glaubensbrüder vom Stamm der Banu Quraiza, doch die blieb aus. Ebenso wenig erfolgte die Erstürmung Medinas durch die Mekkaner. Die Banu Nadir hatten sich fatal verschätzt und so blieb ihnen nichts anderes übrig, als sich zu ergeben. In den Kapitulationsverhandlungen wurde vereinbart, dass die Banu Nadir wie schon zuvor die Banu Qainuqa Medina sicher verlassen durften.[24] In der Offenbarung heißt es:

> Er [Gott] ist es, welcher die Glaubensverweigerer unter dem Volk der Schrift bei ihrer ersten Versammlung aus ihren Wohnungen trieb. Ihr glaubtet nicht, dass sie [kampflos] ausziehen würden; und sie glaubten, dass ihre Festungen sie vor Gott schützen würden. Da aber kam Gott auf unerwartete Weise über sie und versetzte ihre Herzen in Schrecken. Sie verwüsteten ihre Häuser mit ihren eigenen Händen und den Händen

---

24 Vgl. ebda.

der Gläubigen. Darum nehmt es euch zur Lehre, ihr Einsichtigen! Hätte Gott nun für sie nicht Verbannung angeordnet, hätte Er sie im Diesseits gewiss schlimmer gestraft. Im Jenseits aber erwartet sie die Strafe des Feuers. Dies, weil sie sich gegen Gott und Seinen Gesandten aufgelehnt hatten. Denn wenn sich jemand gegen Gott auflehnt, ist Gott fürwahr streng im Strafen. (59:2–4)

Die letzte große militärische Konfrontation zwischen Medina und Mekka erfolgte 627, als die Mekkaner Medina mit einer gewaltigen Streitkraft einen Monat lang belagerten. Schließlich mussten die Mekkaner ihr Vorhaben aufgrund eines breiten Grabens, der um die Oase gezogen wurde und der nur unter massiven Verlusten zu überwinden gewesen wäre, aufgeben. In dieser Zeit, in der es schien, als wäre das Ende Muhammads und seiner Mitstreiter gekommen, brachen nun alle Konflikte Medinas offen aus, alte Allianzen zerbrachen und neue entstanden. Die Banu Quraiza schlugen sich offen auf die Seite der Mekkaner und versorgten sie mit Proviant. Sie gingen aber nicht soweit, ihnen Zutritt zur Oase zu gewähren – was aber die Muslime befürchteten und was sie in einen Zustand der Panik versetzt haben musste. Nach dem Abzug der Mekkaner ging Muhammad daher sofort gegen diesen Verrat an der Gemeinde Medinas vor, indem er die Banu Quraiza belagerte. Dass auf muslimischer Seite die Empörung über das Vorgehen der Banu Quraiza tief saß, lässt sich daran erkennen, dass Muhammad sich in den Verhandlungen weigerte, den Banu Quraiza freies Geleit zu gewähren. Schließlich entschieden sich beide Parteien, die Entscheidung einem Schlichter zu übertragen: Sad ibn Mu'adh vom arabischen Stamm der Aus, mit dem die Banu Quraiza in einem Klientelverhältnis standen. Doch da auch ihm bei einer Erstürmung Medinas durch die Mekkaner der Tod gedroht hätte, entschied er in voller Härte, dass alle Männer der Banu Quraiza hingerichtet, die Frauen und Kinder in die Sklaverei verkauft und ihr Besitz aufgeteilt werden sollte,[25] ganz nach der Maxime: „Wer nicht Leid zufügt, dem wird Leid zugefügt."[26]

Über das Ende der Banu Quraiza wird hart debattiert. Man kann Muhammad, eigentlich Sad ibn Mu'adh, hier Völkermord vorwerfen, was allerdings anachronistisch insofern wäre, als Völkermord als ein eigener Rechtstatbestand erst im 19. Jahrhundert auftaucht. Man kann das Vorgehen gegen diesen jüdischen Stamm auch historisch kontextualisieren als gängige Maßnahme der Kriegsführung in der Antike. So heißt es in der hebräischen Bibel, um nur ein Beispiel zu nennen, über die Eroberung der Stadt Jericho durch Moses Nachfolger Josua:

Mit scharfem Schwert weihten sie alles, was in der Stadt war, dem Untergang, Männer und Frauen, Kinder und Greise, Rinder, Schafe und Esel. (Josua 6,21)

(…) Dann wandte sich Josua mit ganz Israel gegen Debir und griff die Stadt an. Er eroberte die Stadt und ihre (Töchter)-städte, nahm ihren König gefangen, erschlug ihre Einwohner mit scharfem Schwert und weihte alles, was in ihr lebte, dem Untergang; niemand ließ er entkommen. (…)
(Josua 10,38–39)

---

25 Vgl. ebda. (111–113).
26 Stillman, Norman A. (1979: 16).

Schließlich kann man auch die ganze Episode als Übertreibung der muslimischen Historiker kritisieren, wie dies beispielsweise der Theologe Mouhanad Khorchide tut:

> Die Erwähnung von mehreren hundert Toten ist zwar in biographischen Werken über den Propheten zu finden, (...) allerdings sind die Überlieferungsketten zweifelhaft. (...) Laut diesen Erzählungen habe Muhammad 5000 Gefangene in der Wohnung einer Frau gesammelt (wie groß muss diese Wohnung gewesen sein?!), um anschließend mehrere hundert töten zu lassen. Die authentische Erzählung über diesen Vorfall sowohl bei Buchārī (gest. 870) als auch bei Muslim ibn al-Hadschschādsch (gest. 875) erwähnt keine Zahlen und besagt, dass lediglich die „*muqātila*", also diejenigen, die am Krieg teilgenommen haben, getötet wurden. Eine authentische Überlieferung der Geschichte findet sich im Buch „Die Gelder" (arab. *Al-Amwāl*) von Humayd Ibn Zindschawayh (gest. 865), der die Geschichte durch eine authentische Überlieferungskette anführt. Dort ist von 40 getöteten Personen die Rede.[27]

Khorchide scheint hier etwas Richtigem auf der Spur zu sein. Blickt man in die authentischste Quelle über die muslimische Frühgemeinde, den *Qur'ān*, so heißt es dort über die Auseinandersetzung mit den Banu Quraiza:

> Und Er brachte diejenigen vom Volke der Schrift, die ihnen [den Mekkanern] halfen, aus ihren Festungen herunter und warf Schrecken in ihre Herzen. Einen Teil von ihnen habt ihr getötet, und einen Teil habt ihr gefangengenommen. Und Er gab euch ihr Land und ihre Häuser und ihren Besitz zum

---

27 Khorchide, Mouhanad (2015: 175–176).

Erbe – ein Land, das ihr nie betreten hattet. Und Gott hat Macht über alle Dinge. (33:26–27)

Die Aussage *Einen Teil von ihnen habt ihr getötet, und einen Teil habt ihr gefangengenommen* kann man durchaus so verstehen, wie Khorchide es tut, nämlich dass nicht alle Männer der Banu Quraiza hingerichtet wurden, sondern nur ihre aktiven Kämpfer und Führer, die am Verrat beteiligt waren, während der Rest des Stammes in Gefangenschaft geriet.

Mit absoluter Sicherheit werden wir es nie wissen. Ich denke, dass weder der Versuch einer Relativierung noch der einer historisch anachronistischen Anklage der richtige Umgang für diesen dunklen Konflikt ist. Als Muslim dominieren für mich bei dieser Auseinandersetzung die politischen und wirtschaftlichen Gründe, während religiöse Motive allenfalls marginal hineinspielen. Turan verweist auch auf folgende Tatsache, die nicht unberücksichtigt bleiben darf:

> Nicht nur in islamkritischen Texten werden dabei speziell die Hinrichtungsüberlieferungen wie historisch gesicherte Augenzeugenberichte wiedergegeben, während die in den selben Quellen überlieferten Vertragsbrüche durch die Juden meist ausgespart oder ausdrücklich angezweifelt werden.[28]

Auf der einen Seite kann ich Empathie für die Banu Qainuqa, Banu Nadir und Banu Quraiza aufbringen, da die Ankunft der Muslime das politische und ökonomische Machtgefüge zu ihren Ungunsten veränderte. Keine Empathie

---

28 Turan, Hakan (2014: 197).

habe ich jedoch für ihre Bündnisversuche mit den Mekka-nern, da diese letztendlich in einer Massentötung der ersten Generation der Muslime gemündet hätten. Ebenso habe ich Empathie für die muslimische Seite, gerade während der an-gespannten Zeit der Belagerung Medinas. Aber der Vollzug des Schiedsspruchs Sad ibn Muʿadh trifft bei mir auf keine Sympathie – und das muss er auch nicht. Muslime können auch das Handeln des Gesandten Gottes in den politischen, wirtschaftlichen und sozialen Zwängen seiner Zeit deuten, ohne alles davon gutzuheißen. Der muslimische Intellektu-elle Murad Hofmann beklagt:

> Nichts hat dem Ansehen des Propheten im Westen mehr ge-schadet als diese Tragödien in der Gründerzeit des Islam.[29]

Diese Episode aus dem Leben der muslimischen Frühge-meinde, so Hofmann, birgt in sich das Potenzial für eine konfrontative Haltung seitens Muslimen gegenüber Juden.[30] Noch deutlicher schreibt der Gelehrte Abdoldjavad Falaturi (gest. 1996):

> Gefühlsmäßig wünschte ich mir, dass es so etwas nicht gege-ben hätte. Eine endgültige Klärung der Lage und eine überzeu-gende Schuldzuweisung sind historisch nicht leicht möglich.[31]

---

29 Hofmann, Murad (2006: 71).
30 Vgl. Hofmann, Murad (2010).
31 Falaturi, Abdoldjavad (1996: 87).

Das Goldene Zeitalter jüdisch-muslimischen Zusammenlebens

Die anfängliche Konfliktsituation galt den nachkommenden Generationen muslimischer Gelehrten keineswegs als essentieller Urkonflikt, sondern wurde in seinem damaligen Kontext verstanden und darin eingeschlossen. Aslan fasst zusammen:

> Denn erstens wurden die Banu Quraiza nicht deshalb exekutiert, weil sie Juden waren. Auch wenn man die Clans der Qainuqa und der Nadir nicht mitrechnet, blieben Tausende von Juden weiterhin in der Oase und lebten nach der Exekution der Quraiza in gutem Einvernehmen mit ihren muslimischen Nachbarn. (…) Zweitens – und darin sind sich die meisten Forscher einig – wurde die Exekution der Banu Quraiza keineswegs zum Präzedenzfall für den späteren Umgang mit den Juden auf islamischem Territorium, im Gegenteil. Unter muslimischer Herrschaft lebten die Juden als prosperierende Gemeinschaften – insbesondere nachdem der Islam auch auf byzantinischem Gebiet Fuß fassen konnte, dessen orthodoxe Herrscher Juden und nichtorthodoxe Christen ihrer religiösen Überzeugung wegen systematisch verfolgt und oft unter Androhung der Todesstrafe gezwungen hatten, das Christentum anzunehmen.[32]

Anders ausgedrückt: Aus den negativen Erfahrungen der muslimischen Frühgemeinde mit drei von fünf jüdischen

---

32 Aslan, Reza (2006: 114–115).

Stämmen in Medina konnten keine Schlüsse für spätere Beziehungen zum Judentum an sich gezogen werden. Das Gemisch an positiven wie negativen Aussagen über Juden im *Qur'ān* musste folglich ebenfalls differenziert betrachtet werden. Die positiven Verse galten den Gelehrten als fundamentaler als die negativen, die im Rahmen des medinensischen Konfliktes verstanden wurden.[33] Fundamental waren sowohl das Friedensgebot als auch die Aufforderung zur Tischgemeinschaft – letztere gehört übrigens zu den letzten Versen, die Muhammad offenbart wurden:

> Gott verbietet euch nicht, gegen die gütig und gerecht zu sein, die euch nicht wegen eueres Glaubens bekämpft oder euch aus eueren Häusern vertrieben haben. Gott liebt fürwahr die gerecht Handelnden. Gott verbietet euch nur, mit denen Freundschaft zu schließen, die euch des Glaubens wegen bekämpft oder euch aus eueren Wohnungen vertrieben oder bei euerer Vertreibung geholfen haben. Wer mit ihnen Freundschaft schließt, tut unrecht. (60:8–9)
> Heute sind euch alle guten Dinge erlaubt.
> Auch die Speise derer, denen die Schrift gegeben wurde, ist euch erlaubt, so wie eure Speisen ihnen erlaubt sind.
> Und (erlaubt sind euch zu heiraten) tugendhafte Frauen, die Gläubige sind, und tugendhafte Frauen von denen, welchen die Schrift vor euch gegeben wurde, sofern ihr ihnen ihr Brautgeld gegeben habt und tugendhaft mit ihnen lebt, ohne Unzucht, und keine Geliebten nehmt. Wer den Glauben verleugnet, dessen Werk ist fruchtlos, und im Jenseits ist er einer der Verlorenen. (5:5)

---

33 Vgl. Doha Third Conference for Religions Dialogue (2005).

Tischgemeinschaft, so der Theologe Hans Küng, „meint mehr als nur Höflichkeit und Freundlichkeit. Tischgemeinschaft bedeutet Frieden, Vertrauen, Versöhnung, Bruderschaft."[34] Und *Ehegemeinschaft*, so Falaturi, bedeutete in der arabischen Gesellschaft des siebten Jahrhunderts nicht nur eine Verbindung zwischen zwei Personen, sondern zugleich einen Vergesellschaftungsprozess von zwei Großfamilien oder sogar zwei Stämmen.[35] Der Islamwissenschaftler Gunawan Adnan betont, dass der *Qur'ān* gerade im Fall der Ehegemeinschaft unterstreicht, dass Gott zwischen muslimischen, christlichen und jüdischen Frauen keinen Unterschied macht, sie allesamt sind Gläubige an Ihn, was sie unterscheidet, ist lediglich der Grad ihrer individuellen Tugendhaftigkeit, den jedoch allein Gott kennt.[36] Wären Juden die Erzfeinde der Muslime, so hätte Gott wohl nicht gestattet, Ehen mit ihnen einzugehen und jüdische Ehefrauen mit der Erziehung der gemeinsamen Kinder zu betrauen. Und Rabbi Magonet schreibt, dass es eine ganz andere Sache ist, dem Anderen „in Fleisch und Blut zu begegnen, mit Menschen aus Fleisch und Blut eine Mahlzeit zu teilen, ihr Zuhause zu besuchen, heftige Auseinandersetzungen zu führen, sich womöglich in einen von ihnen zu verlieben."[37]

Der Islam sah sich nicht im Konflikt mit dem Judentum. Zwar fanden auch antijüdische Motive christlichen Ursprungs mit der Ausbreitung gen Syrien Eingang in die mus-

---

34 Küng, Hans (1978: 325).

35 Vgl. Falaturi, Abdoldjavad (1992: 16).

36 Vgl. Adnan, Gunawan (2004: 44).

37 Magonet, Jonathan (2003: 271).

limische Tradition, aber sie blieben Randnotizen. So etwa folgendes Prophetenwort (*ḥadīṯ*):

Abdullāh Ibn Umar – Gottes Wohlgefallen auf beiden – berichtete, dass der Gesandte Gottes – Gottes Segen und Frieden auf ihm, sagte: „Ihr werdet gegen die Juden solange kämpfen, bis sich der eine von ihnen hinter einem Stein versteckt und dieser (Stein) spricht: ‚Du Diener Gottes, hier ist ein Jude, der sich hinter mir versteckt, so töte ihn.'" (Al-Buḫārī Nr. 2925)[38]

Wurde dieses Prophetenwort allein aufgrund seiner Überlieferungskette von dem *ḥadīṯ*-Sammler und Gelehrten Al-Bukhari (gest. 870) noch mit hoher Wahrscheinlichkeit als authentisch (*ṣaḥīḥ*) eingestuft, so kann dies heute durch die historisch-kritische Untersuchung zurückgewiesen werden. Es ist eingebettet in eine Reihe von apokalyptischen Prophetenworten, die allesamt Einzelüberlieferungen (*aḥad*) sind. Allein aus diesem Grund dürften sie für die Glaubenslehre, in diesem Fall die Eschatologie, strenggenommen nicht gelten. Des Weiteren sind diese Prophetenworte, deren Kernbestandteile die Ankunft des Antichristen (*ad-daǧǧāl*), als auch eine Rettergestalt aus der Nachkommenschaft Muhammads (*al-mahdī*) und die Rückkehr Jesu bilden, der den *ad-daǧǧāl* in einer großen Schlacht vernichtet, nicht im *Qurʾān* zu finden. Die Prophetenworte zu dieser Thematik sind inkohärent, was sie suspekt macht.[39] Es verwundert daher nicht, dass es in der muslimischen Gelehrsamkeit diverse Einstellungen zu diesem Endzeitszenario gibt. Ob-

---

38 Rassoul, Muḥammad Ibn Aḥmad Ibn (1996: 328).
39 Siehe hierzu eine Übersicht bei Ibn Kathir (2000: 20–81).

wohl ihre Bekanntheit unter den „Ali-normal-Muslimen"
weit verbreitet ist, weil es einfach eine epische und drama-
tische Geschichte von den letzten Tagen der Menschheit ist,
gehört sie nicht essentiell zur muslimischen Eschatologie.
Betrachtet man die frühesten Prophetenworte zum *ad-
daǧǧāl* in dem Werk *al-muwaṭṭaʾ* von Imam Malik ibn Anas
(gest. 795), so handelt es sich bei ihm um eine innergemein-
schaftliche Größe, welche sich gegen die Botschaft des Propheten Muhammad wendet, nicht unähnlich der Warnung
im 1. Johannesbrief 2,18–27.

In der frühen Kirche bestand ein erhebliches Interesse an
der Identität des Antichristen. Er wurde dann schon bald mit
den beiden Tieren aus dem Abgrund identifiziert, von denen
in der Johannesapokalypse berichtet wird. Der Antichrist
wird damit zu einer Inkarnation Satans, der sich Jesus ent-
gegenstellt. Das Christentum erhält hierdurch stark dualis-
tische Züge. Nach dem Kirchenvater Hippolyt von Rom
(gest. 235) wird der Antichrist von einem der zwölf Stämme
Israels abstammen. Zunehmend wird nun der Antichrist mit
dem Judentum gleichgesetzt.[40] Durch die Einnahme Syriens
fanden diese Vorstellungen auch Eingang in den Islam, genauer: in fabrizierte Prophetenworte. So wie der christliche
Antijudaismus Ende des 18. Jahrhunderts als Nährboden
nahtlos überging in den rassistischen Antisemitismus, so erfüllt obiges gefälschtes Prophetenwort heute eine ähnliche
Katalysatorfunktion für muslimische Antisemiten.

Die Negierung des Judentums wurde aber im Mittelalter
nicht Teil der islamischen Selbstdefinition, die Juden galten

---

40 Vgl. Schwendener, Andreas (o. J.).

vielmehr als *ahl al-kitāb* (Leute der Schrift), also Anhänger früherer Offenbarungen. Nicht etwa Ablehnung, Feindschaft und Gewalt waren essentiell für die Beziehung der Muslime zu den Juden, sondern der gemeinsame abrahamische Monotheismus:

> Und streitet nicht mit dem Volk der Schrift, es sei denn auf beste Art und Weise, außer mit jenen von ihnen, die unrecht handeln.
> Und sprecht: „Wir glauben an das, was zu uns herabgesandt wurde und was zu euch herabgesandt wurde. Unser Gott und euer Gott ist ein und derselbe. Und Ihm sind wir ergeben." (29:46)

Unser Gott und euer Gott ist ein und derselbe – faktisch handelt es sich hierbei um ein Glaubensbekenntnis.

Im Mittelalter war es, so Rabbi Cohen, eher die Regel als die Ausnahme, dass Juden als geschützte Leute (*ahl al-ḏimma*) von den muslimischen Herrschenden hinsichtlich ihres Lebens, ihrer Religionsausübung, ihrer wirtschaftlichen Freiheit und ihrer Bewegungsfreiheit Schutz erfuhren – natürlich waren Muslime und Juden in der damaligen Zeit nicht gleichgestellt, aber Juden waren auch nicht wie im christlichen Europa Leibeigene des Herrschers, sondern Untertanen.[41] Sie wurden nicht zur Konvertierung gezwungen, ihre Gemeinden waren autonom und im Geschäftsleben waren sie mit den Muslimen gleichberechtigt,[42] lediglich in Regierungsämtern fand man sie seltener, da dies in

---

41 Vgl. Cohen, Mark (2012) u. Cohen, Mark R. (2005: 68).

42 Vgl. Cohen, Mark (2012).

der damaligen Zeit oftmals als Bedrohung der gesellschaftlichen Hierarchie empfunden wurde.[43] Vom Militärdienst waren sie befreit. Davon abgesehen fand man sie jedoch in allen Berufssparten: im Färbergewerbe, in der Metallverarbeitung, als Weber, Bäcker, Winzer, Glasbläser, Schneider, Gerber, in der Käseherstellung, in Zuckermanufakturen, der Seidenverarbeitung oder der Landwirtschaft. Dies macht deutlich: Im Wirtschaftsleben standen Juden und Muslime ständig miteinander in Kontakt und es gab dadurch einen Raum, konstruktive und menschliche Beziehungen entstehen zu lassen.[44] Fast schon märchenhaft klingt der arabische Ausdruck von der *Ehrlichkeit der Juden* (*ḥaqq al-yahūd*), der Zeugnis gibt über das Ausmaß der Vertrautheit beider Religionsgemeinschaften.[45]

Rabbi David Rosen bezeichnet das muslimische Mittelalter sogar als ein Goldenes Zeitalter jüdisch-muslimischen Zusammenlebens[46]:

Die mittelalterliche islamische Zivilisation erreichte zwischen den Jahren 900 und 1200 ihre produktivste Phase und die jüdische Kultur in der islamischen Welt zog nach. Während dieser Phase wurden einige der größten Werke der jüdischen Philosophie, Grammatik, Rechts- und Sprachwissenschaft sowie Lexikographie verfasst, parallel zu den Fortschritten der islamischen Welt in diesen Gebieten. Die jüdische Poesie in Hebräisch erlebte ebenfalls in dieser Zeit eine Renaissance und ihre Versfüße, Stile und Inhalte entwickelten sich parallel zu

---

43 Vgl. Cohen, Mark R. (2005: 81–82).
44 Vgl. ebda. (105).
45 Vgl. ebda. (119).
46 Vgl. Rosen, David (2014).

denen des Pendants im muslimischen Arabisch. Nirgends war dies ausgeprägter als in Spanien, wo die jüdische Kultur nebst dem Aufblühen der islamischen und säkularen Wissenschaften und Kultur in der gesamten Region erblühte, die im Arabischen als al-Andalus bekannt ist. Die relativ offene Gesellschaft in al-Andalus wurde aufgehoben und endete schließlich als nordafrikanische Armeen kamen, um bei der Verteidigung gegen die spanischen Christen zu helfen, welche die Muslime aus ihren Festungen aus dem Norden nach Süden drängten. Juden wurden unter den islamistischen Berber-Regimen stark eingeschränkt und begannen letztlich in die neu eroberten christlichen Gebiete im Norden zu ziehen. Zu dieser Zeit wurden sie dort besser behandelt.[47]

Doch mit dem Alhambra-Edikt 1492, das vorsah, Juden aus allen Gebieten der spanischen Krone zu vertreiben, verschlechterte sich die Lage der Juden dramatisch. In ihrer Not suchten sie dann Zuflucht in den muslimischen Gebieten Nordafrikas und den Städten des Osmanischen Reiches. Rabbi Leo Trepp (gest. 2010) schreibt hierüber: „Der Sultan machte sich über den König von Spanien lustig, der seine wertvollsten Bürger vertrieben hatte. Da Palästina zum Osmanischen Reich gehörte, kehrten viele Juden dorthin zurück und gründeten in Safed ein neues Zentrum."[48]

Als Untertanen mussten die *ahl al-ḏimma* eine Steuer entrichten, die Schutzabgabe (*ğizya*). Von ihr befreit waren a) Frauen, b) Kinder und Jugendliche, c) alte Männer, d) kranke und behinderte Männer und e) Priester und Mönche

---

47 Ebda.

48 Trepp, Leo (2004: 63).

– also allesamt Personen, die keinen Wehrdienst leisten konnten.[49] Sicherlich, von Zeit zu Zeit trieben muslimische Herrscher Schindluder, indem sie die *ǧizya* exorbitant erhöhten. Streng genommen stellte dies sogar nach dem islamischen Recht, wonach die *ǧizya* nicht höher als die *zakāt* (rituelle Pflichtabgabe eines jeden Muslims) ausfallen darf, einen Missbrauch dar.[50] Dennoch wurde die *ǧizya* von Juden in der islamischen Welt sogar eher als konstruktives Element empfunden. So schreibt Jacob ben Elija, der im 13. Jahrhundert von Europa in den Orient emigrierte:

> Unter den Orientalen verdient jeder seinen Lebensunterhalt mit seinem jeweiligen Beruf. Selbst wenn die arabischen Herrscher böse und sündhaft sind, besitzen sie doch Verstand und Einsicht. Sie verlangen jedes Jahr eine vorgeschriebene Steuer, von den Älteren gemäß ihrem Alter und von den Jüngeren gemäß ihrer Jugend. In unseren Landen verhält sich dies nicht so (…). Unsere Könige und Prinzen denken nur daran, wie sie uns angreifen und uns überwältigen können, um uns unser Gold und Silber fortzunehmen.[51]

In diesem Zusammenhang macht Rabbi Cohen eine interessante Bemerkung hinsichtlich der Abwesenheit eines jüdisch-muslimischen Dialogs im Mittelalter: Dieser sei gar nicht nötig gewesen, so Cohen, denn über was hätte man diskutieren sollen? Beide Seiten glaubten doch an den einen und einzigen Gott, sahen in Jesus nicht Gottes Sohn, glaubten an ein offenbartes Gesetz und sahen Glaube und Tat als

---

49 Vgl. Asad, Muhammad (2009: 342).
50 Vgl. Cohen, Mark R. (2005: 83) u. Asad, Muhammad (2009: 342).
51 Cohen, Mark R. (2005: 96).

die zwei Seiten einer Medaille an. Juden und Muslime, so Cohen, fühlten sich einander nicht fremd.[52] Deswegen seien muslimische Polemiken gegen Juden im Mittelalter verglichen mit der Masse antijüdischer Polemiken in der christlichen Welt eine Seltenheit geblieben. Ausschreitungen gegen Juden als Juden habe es so gut wie nie gegeben.[53] Ebenso selten waren umgekehrt jüdische Polemiken gegen den Islam. Und wenn es sie gab, dann hatten diese Schriften nicht die gleiche intensive Feindseligkeit wie die jüdischen Polemiken gegen das Christentum.[54]

Der französische Orientalist Claude Cahen wagte sogar die Annahme, es habe im Mittelalter nur eine einzige Verfolgung der *ahl al-ḏimma* gegeben.[55] Dies stimmt nicht ganz. Historisch belegt sind Juden- und Christenverfolgungen unter dem fatimidischen und als wahnsinnig geltenden Kalifen Al-Hakim von 1004 bis zum Ende seiner Herrschaft 1021. Auch im Jahr 1066 gab es eine Judenverfolgung in Granada, die einzige gezielt antijüdische Ausschreitung im islamischen Mittelalter. Und schließlich ist hier zu nennen die Verfolgung von Juden und Christen in Nordafrika und Spanien durch die berberischen Almohaden Mitte der 1140er Jahre und 1172 im Jemen durch muslimische Freischärler, jedes Mal mit dem Ziel, die Anhänger früherer Offenbarungen zur Konvertierung zu zwingen.[56]

---

52 Vgl. Doha Third Conference for Religions Dialogue (2005).

53 Vgl. Cohen, Mark (2012).

54 Vgl. Cohen, Mark R. (2005: 152).

55 Vgl. ebda. (161).

56 Vgl. ebda. (162–164).

Diese Verfolgungen stellten in jedem dieser Fälle Ausnahmesituationen dar, die gegen das islamische Recht verstießen. Dies ist keine nachträgliche Verteidigung des Islam, sondern wurde von den Muslimen in damaligen Zeiten tatsächlich so wahrgenommen. Nach Wiederherstellung der normalen Verhältnisse wurde es Juden und Christen gestattet, zu ihrer ursprünglichen Religion zurückzukehren. Der Sohn Al-Hakims und zugleich sein Nachfolger Al-Zahir ließ beispielsweise verkünden, dass die Zwangsbekehrungen, die unter seinem Vater stattfanden, nicht mit dem Islam vereinbar seien. In allen Fällen von Verfolgung war die muslimische Seite dermaßen beschämt, ihre vom islamischen Recht abgeleiteten Schutzgarantien nicht erfüllt zu haben, dass man der nichtmuslimischen Bevölkerung jeweils die *ǧizya* zurückzahlte.[57] So schreibt der Islamwissenschaftler Van Ess:

> Pogrome waren verhältnismäßig selten, und man konnte sich nur schlecht bei ihnen im Recht fühlen. Denn sie waren ja nicht nur moralisch verwerflich, sondern auch juristisch gesehen Unrecht; und da das Gesetz, gegen das man verstieß, ein göttliches war, waren sie auch Sünde.[58]

Dies mag wohl auch erklären, dass es in den jüdischen Schriften kaum klagende Erinnerungen an diese Zeiten der Verfolgungen gibt.[59]

Phänomene wie charakteristische Kleidung, die Juden und Christen im Mittelalter zeitweilig auferlegt wurde – etwas, das sich nicht aus dem *Qur'ān* ableiten lässt – und

---

57 Vgl. ebda. (176).
58 Küng, Hans; Van Ess, Josef (1994: 156).
59 Vgl. Cohen, Mark R. (2005: 181).

was wir heute allzu schnell in anachronistischer Wertung als Diskriminierung verurteilen, hatte in dem damaligen historischen Kontext einer religiös facettenreichen, aber nicht säkularen Gesellschaft den Hintergrund, die Gemeinden unzweideutig voneinander zu unterscheiden, um zum einen die Hierarchie von Herrschenden und Beherrschten sichtbar zu machen und zum anderen auch ein Funktionieren des interreligiösen Umgangs zu gewährleisten.[60] Van Ess erinnert auch daran: „[Dass] Menschen sich durch ihre Kleidung unterscheiden, war im Mittelalter ein selbstverständlicher Gedanke; erst seit dem 19. Jahrhundert tragen wir alle einen schwarzen Anzug oder kleiden uns alle in Jeans."[61] Und Falaturi gibt zu bedenken, dass es ebenso ein Kleidungsverbot für Muslime gab, die sich auf Grund der Erkennbarkeit nicht wie Juden und Christen kleiden durften.[62] Hierüber darf nicht vergessen werden, dass im Gegensatz zur Moderne die Religionsgemeinschaften in der Regel nebeneinander, nicht miteinander lebten.

Fassen wir also zusammen: Wenn etwa Ourghi meint, der *Qur'ān* bilde gewissermaßen die Tiefenschicht des Antisemitismus islamischer Prägung,[63] dann beweist er genauso wie muslimische Antisemiten nur seine beschämende Unkenntnis von der muslimischen Geschichte und der Hermeneutik der Offenbarung.

Aber was sind dann die Wurzeln dieses Antisemitismus?

---

60 Vgl. ebda. (78 u. 114).
61 Küng, Hans; Van Ess, Josef (1994: 158).
62 Vgl. Falaturi, Abdoljavad (2002: 70).
63 Vgl. Ourghi, Abdel-Hakim (2017).

Der islamisch verbrämte Antisemitismus: ein Phänomen der Moderne

Wenn das Verhältnis von Juden und Muslimen in der islamischen Welt als ein harmonisches Nebeneinander und manchmal sogar Miteinander bezeichnet werden kann, wie konnte es dann zur Entwicklung einer Judenfeindlichkeit kommen?

Das Verhältnis zum Judentum begann sich erst ab dem 19. Jahrhundert zu verändern. Auf muslimischer Seite verlor man das Bewusstsein für eine Unterscheidung zwischen dem eigenen Wahrheitsanspruch auf der einen und der Existenz mehrerer Heilswege als Ausdruck von Gottes Barmherzigkeit auf der anderen Seite. Damit verbunden fielen die Muslime hinter die islamische Toleranzkonzeption des Mittelalters zurück, statt sie notwendigerweise weiterzuentwickeln. Hinzu kamen weitere wichtige Faktoren: der schwelende Palästinakonflikt und nicht zuletzt auch die Begegnung der Araber mit dem europäischen Antisemitismus.

Die Bekanntschaft mit dem europäischen Antisemitismus

Den Anfang machte die sogenannte Damaskusaffäre im Jahr 1840. Damals verschwanden in Damaskus der sardische Kapuzinermönch Tommaso da Calangiano und sein muslimischer Diener Ibrahim Amara spurlos. Zuletzt hatte man sie im jüdischen Viertel der Stadt gesehen. Sofort gerieten dessen Bewohner in Verdacht, nicht jedoch seitens der Muslime, sondern der Damaszener Christen. Schnell kursierte der antijudaistische Verdacht einer rituellen Schlachtung. Der Ordensbruder Pater Tusti befeuerte diese Gerüchte durch die Unterstellung, die Juden würden Christenblut für das bevorstehende Pessachfest benötigen. Die Katholiken der Levante unterstanden mittlerweile dem Schutz Frankreichs und so schaltete sich der französische Konsul Graf Benoît de Ratti-Menton (gest. 1864) in die Ermittlungen ein. Für diesen war der Fall klar, der Pater war von Juden ermordet worden, man müsse das gesamte Viertel nach Flaschen mit dem Christenblut durchsuchen. Der muslimische Polizeichef von Damaskus stellte sich jedoch schützend vor die jüdischen Einwohner. Also übte Ratti-Menton Druck auf den Gouverneur Scherif Pascha aus. Es folgten Massenverhaftungen von Erwachsenen und Kindern, Durchsuchungen und Folter. Am Ende hatte Ratti-Menton die gewünschten Geständnisse. Doch weder fand man die Leiche des Mönchs noch die Flaschen, stattdessen wurde die muslimische Welt mit einer bis dahin unbekannten Sichtweise auf Juden bekannt gemacht.[64] Heute findet man diesen Topos auch bei Muslimen, etwa in dem türkischen Blockbuster *Tal der Wölfe*, in dem Juden als kriminelle Organhändler dargestellt werden.[65]

---

64 Vgl. Weiss, Volker (2015: 15).
65 Vgl. Kiefer, Michael (2017).

Doch vorerst beschränkte sich der Antijudaismus auf die christlichen Minderheiten der muslimischen Welt, die dann in weiterer Folge den europäischen Antisemitismus aufnahmen. So waren es arabische Christen, die zuerst europäische antisemitische Traktate ins Arabische übersetzten. Das erste Werk dieser Art, das die angeblichen Bekenntnisse eines zum Christentum konvertierten Rabbiners über die Grausamkeiten der jüdischen Religion beschreibt, erschien 1869 in Beirut.[66] Die erste arabische Übersetzung der sogenannten „Protokolle der Weisen von Zion", einer Fälschung, die bis heute als angeblicher Beweis einer „jüdischen Weltverschwörung" Verbreitung findet, wurde am 15. Januar 1926 in der Zeitschrift *raqīb ṣahyūn* (Beobachter Zions) veröffentlicht, die in Jerusalem von der römisch-katholischen Gemeinde herausgegeben wurde.[67] Eine weitere Übersetzung aus dem Französischen, erneut angefertigt von einem arabischen Christen, erschien etwa zwei Jahre später in Buchform in Kairo.[68] Eine Übersetzung aus dem Englischen, erstmals aus muslimischer Feder, erfolgte dann 1951.[69] Bald schon stand dem arabischen Leser eine Flut antisemitischer Lektüre zur Verfügung, die ausnahmslos christlichen, europäischen und amerikanischen Ursprungs waren.

In dieser ersten Phase wurden antisemitische Anklagen einfach wiederholt – allerdings unter Ausschluss des Ras-

---

66 Vgl. Lewis, Bernard (1986: 157).

67 Vgl. ebda. (241).

68 Vgl. ebda.

69 Vgl. ebda.

sengedankens und der säkular-messianischen Vorstellung einer Endlösung, wie sie der Antisemitismus der Nazis kannte. Dadurch, dass Juden zu den „Leuten der Schrift" gehören und somit eine von Gott anerkannte Gemeinschaft sind, kann der islamisch verbrämte Antisemitismus den Gedanken einer „Endlösung" überhaupt nicht aufnehmen und integrieren. Muslimische Antisemiten wollen den Staat Israel auslöschen, nicht aber das jüdische Volk.

Die Muslime wurden also mit dem Bild des Juden als Freimaurer, als Großkapitalist, als Kommunist, als Umstürzler und als Verschwörer mit dem Ziel der Weltherrschaft vertraut gemacht. Diese Bilder dienten dann als plausible Erklärung dafür, dass der israelische Staat im ersten arabisch-israelischen Krieg den Sieg davontrug und dass die Zionisten die Unterstützung der jeweils führenden Macht – zuerst Großbritannien, dann der USA – erlangen konnten.[70]

Der Zionismus und das zweimal verheißene Land

Der Zionismus, begründet durch den ungarisch-österreichischen Juden Theodor Herzl (gest. 1904), verfolgte das Ziel, einen jüdischen Staat in Palästina zu gründen, der allen Juden als Zufluchtsort vor den periodischen antijüdischen Pogromen in Europa dienen sollte. Er war also ein radikaler Lösungsversuch für die zentralen Fragen nach der jüdischen

---

70 Vgl. Nüsse, Andrea (2004: 35) u. Baumgarten, Helga (2006: 62).

Identität und nach dem Ort der Juden in der Welt. So diagnostizierte der russische Jude und Arzt Leon Pinsker (gest. 1891) im 19. Jahrhundert:

> Die Juden bilden im Schoße der Völker, unter denen sie leben, tatsächlich ein heterogenes Element, welches von keiner Nation assimiliert zu werden vermag, demgemäß auch von keiner Nation gut vertragen werden kann.[71]

Nach Pinsker würden die Juden stets und überall dem Antisemitismus ausgesetzt sein, da sie bestenfalls Gäste seien und somit nie ebenbürtig, vielmehr ewig verachtet. Daher müsse das jüdische Volk eine Heimat finden, wo es sein eigener Herr und somit sicher vor Verfolgung wäre.

Die wechselhafte Situation der Juden in Europa führte bereits zwischen 1882 und 1903 zu einer ersten Einwanderungswelle von 25 000 bis 30 000 Juden nach Palästina, die sogenannte erste Aliya.[72] So entstanden jüdische Siedlungen in Palästina wie etwa Sichron, Ja'akov, Nes Ziona, Ekron, Jesod HaMa'ala, Gedera, Rechovot, Hadera, Mischmar Hajarden, Ain Seitun und Moza.[73]

Auf dem ersten Zionistischen Weltkongress 1897 in Basel wurde beschlossen, dass die neue jüdische Heimstätte in Palästina liegen sollte. Um dies zu verwirklichen, sollte die Besiedlung dieses Gebietes mit Ackerbauern, Handwerkern und Gewerbetreibenden zur Schaffung einer Infra-

---

71 Küng, Hans (1991: 349–350).
72 Vgl. Vierweger, Dieter (2011: 113).
73 Vgl. ebda. (114).

struktur gefördert werden. Weiter wurde beschlossen, Einfluss auf Regierungen zu nehmen, die hilfreich sein könnten, das Ziel des Zionismus zu erreichen.[74]

Vor dem Ersten Weltkrieg bemühten sich die Zionisten erfolglos, dem osmanischen Sultan die Erlaubnis einer Kolonialisierung des Heiligen Landes abzuringen. Palästina war damals ein infrastrukturell vernachlässigtes Armenhaus, das einzig aus Dörfern bestand[75] und hatte längst nicht jene Bedeutung, die es heute für Muslime besitzt. Als sich während des Ersten Weltkrieges abzeichnete, dass Großbritannien beziehungsweise Frankreich die neuen Herren Jerusalems sein würden, begannen die Zionisten mit Politikern Englands und Frankreichs Gespräche aufzunehmen. Am 2. November 1917 gab der britische Außenminister Balfour (gest. 1930) bekannt:

> Die Regierung Seiner Majestät betrachtet mit Wohlwollen die Errichtung einer nationalen Heimstätte für das jüdische Volk in Palästina und wird sich nach Kräften bemühen, die Verwirklichung dieses Zieles zu erleichtern, unter der ausdrücklichen Voraussetzung, dass nichts geschehen darf, was die zivilen oder religiösen Rechte bestehender nichtjüdischer Gemeinschaften in Palästina oder die Rechte und den politischen Status, derer die Juden sich in anderen Ländern erfreuen, beeinträchtigen könnte.[76]

Der Hintergrund für diese Erklärung war aber nicht dem Verhandlungsgeschick der Zionisten geschuldet, sondern

---

74 Vgl. Andrews, Richard (o. J.: 42–46).
75 Vgl. Vierweger, Dieter (2011: 110).
76 Simpson, Colin u. Knightley, Philip (1969: 126).

den seit 1880 hinzugekommenen 100 000 jüdischen Flüchtlingen aus dem Zarenreich, die zunehmend als Belastung empfunden wurden. Großbritannien wollte sie schnellstmöglich wieder loswerden und mit der Balfour-Erklärung schien hierzu ein Weg gefunden.

Mit der inhaltlich unklar formulierten Erklärung begab sich Großbritannien aber in Widerspruch mit Versprechungen, die es zuvor den Arabern gemacht hatte. In der Hussain-McMahon-Korrespondenz war dem Scherifen Hussain (gest. 1931), Herrscher über den Hidschas, am 24. Oktober 1915 versprochen worden, dass Großbritannien nach einem arabischen Aufstand gegen das Osmanische Reich die Unabhängigkeit der Araber anerkennen würde, und zwar südlich des 37. Breitengrads, abgesehen von den Provinzen Bagdad und Basra sowie von Gebieten, wo Großbritannien nicht unabhängig von Frankreich entscheiden konnte.[77]

Trotz dieser Verlautbarung schlossen am 16. Mai 1916 die Regierungen Großbritanniens und Frankreichs eine geheime Übereinkunft (das Sykes-Picot-Abkommen), in dem ihre Einflusssphären im Nahen Osten nach dem Ersten Weltkrieg festgelegt und Arabien in fünf Zonen aufgeteilt wurde.[78] Später wurden dann das (noch) zaristische Russland und Italien in das Abkommen eingebunden.

Im Zuge der Oktoberrevolution von 1917 veröffentlichte die neugegründete Sowjetunion das Sykes-Picot-Abkommen. Das Osmanische Reich hatte nun ein wirksames Pro-

---

77 Vgl. Koch, Werner (1995: 52–53).
78 Vgl. ebda. (53).

pagandamittel und ließ es augenblicklich in arabischen Zeitungen abdrucken. Großbritannien fürchtete die Folgen und versicherte überstürzt einer Gruppe von sieben syrischen Nationalisten am 11. Juni 1917, dass jene arabischen Territorien, die vor dem Krieg frei und unabhängig waren oder durch militärische Operationen ihrer Bewohner befreit wurden, nach dem Krieg unabhängig sein würden.[79] Damit wurde Palästina das „zweimal verheißene Land"[80]. Der Theologe Hans Küng gibt bezüglich der Balfour-Deklaration zu bedenken:

> Diese so genannte „Balfour-Declaration" scheint eindeutig und doch enthält sie einen Zusatz, den man nicht unterschlagen sollte. Denn in dieser Erklärung heißt es zugleich, dass „selbstverständlich nichts unternommen werden soll, was die bürgerlichen und religiösen Rechte existenter nichtjüdischer Gemeinschaften in Palästina oder die Rechte und den politischen Status, wie sie die Juden in irgendeinem anderen Land innehaben, präjudiziert". Und genau hier sollte der Konflikt sich zuspitzen: bei den „bürgerlichen und religiösen Rechten existenter nichtjüdischer Gemeinschaften in Palästina"! Denn nicht wenige der führenden Zionisten dachten von Anfang an nur an die eigenen Rechte, die der jüdischen Einwanderer, nicht aber an die der anderen, die Rechte, der seit weit mehr als einem Jahrtausend ansässigen arabischen Bevölkerung.[81]

Und der Theologe Vierweger schreibt über diese fatale Verstrickung einander widersprechender Zusagen:

---

79 Vgl. Stewart, Desmond (1982: 255).
80 Simpson, Colin u. Knightley, Philip (1969: 127).
81 Küng, Hans (1991: 355).

54

Wie die Araber den Brief von Sir Henry McMahon, so haben auch die Juden die Balfour-Erklärung offensiver ausgelegt als die Briten selbst. Was wurde ihnen wirklich versprochen? Was ist eine „nationale Heimstätte"? Welche Grenzen sollte ihr Gebiet in Palästina haben? Hierüber gingen die Vorstellungen weit auseinander.[82]

Der Zionist Asher Hirsch Ginsberg (gest. 1927) warnte schon früh vor der Ignoranz seiner Mitstreiter gegenüber den palästinensischen Arabern:

Wir neigen gern zu dem Glauben, dass Palästina in diesen Tagen beinahe vollständig unbewohnt und eine unkultivierte Wildnis ist, in der jeder so viel Land erwerben kann, wie er möchte. Aber dies ist in Wirklichkeit nicht der Fall. Es ist schwer, irgendwo in diesem Land arabischen Grundbesitz zu finden, der brach liegt (…) Wir neigen gern zu dem Glauben, dass alle Araber Wüstenbarbaren sind – ein Volk von Eseln, das nicht erkennt oder versteht, was um es herum vorgeht. Dies ist ein grundlegender Fehler (…) Die Araber, und hier vor allem die Bewohner der Städte, verstehen sehr wohl, was wir wollen und was wir in diesem Land vorhaben; aber sie verhalten sich so, als ob sie es nicht bemerken, da sie im Augenblick keine Gefahr für sich oder die Zukunft in dem erblicken, was wir tun. Deshalb versuchen sie den besten Nutzen aus diesen neuen Gästen zu ziehen (…) Aber wenn der Tag kommt, an dem der Lebensstandart unseres Volkes im Lande Israel eine derartig hohe Stufe erreicht, dass die örtliche Bevölkerung mehr oder minder verdrängt wird, dann wird diese nicht so einfach ihren Wohnsitz aufgeben.[83]

---

82 Vierweger, Dieter (2011: 129).
83 Andrews, Richard (o. J.: 255–256).

Der Gründer des Zionismus, Theodor Herzl selbst vertrat auf der einen Seite eine Friedensvision von der Zukunft Jerusalems als einer Stadt, in der Pilgerhäuser für die Gläubigen des Judentums, Christentums und Islams stehen und sie miteinander in einem Friedenspalast Dialog führen.[84] Auf der anderen Seite hatte er in seinen Tagebüchern festgehalten: „Die arme Bevölkerung trachten wir unbemerkt über die Grenze zu schaffen, indem wir ihnen in den Durchgangsländern Arbeit verschaffen, aber in unserem eigenen Lande jederlei Arbeit verweigern."[85]

Damit war ein Grundkonflikt geschaffen, der die Identität des späteren demokratischen Staates Israel bis heute belastet, da er als zugleich jüdischer Staat nicht auf diesen fundamentalen Vorbehalt verzichten kann. Denn weil das Land bereits von einem anderen Volk bewohnt war, das hier seit Jahrhunderten seine Heimat hatte, nämlich die arabischen Einwohner, Muslime wie Christen, konnte nur durch den Rückgriff auf die biblische Verheißung, dass das Land Israel dem jüdischen Volk vorbehalten sei, die Existenz des Staates Israel legitimiert werden. Der Zionismus betonte den religiösen Aspekt des Landes und erhob ihn zum Staatsfundament. Hierdurch entwickelte sich ein religiöser Zionismus, der in der Existenz Israels die Antwort auf die jahrhundertealte Sehnsucht nach Erlösung und Rückkehr ins Land der Väter sah. Und je mehr die Errungenschaften und die Erfolgsgeschichte dieses Staates wuchsen, desto mehr ließen sich die progressiven ebenso wie die orthodoxen jüdischen

---

84 Vgl. Homolka, Walter (2017).
85 Vierweger, Dieter (2011: 124).

Richtungen hiervon anstecken und desto mehr nahmen die einstigen theologischen Vorbehalte auf jüdischer Seite ab.

Auf der Versailler Friedenskonferenz nach dem Ersten Weltkrieg sollte der schwelende Konflikt zwischen Arabern und Juden im Sinne des 14-Punkte-Programms des amerikanischen Präsidenten Wilson (gest. 1924), das unter anderem das Selbstbestimmungsrecht für alle Völker vorsah, entschärft werden. Hier bemühte sich Thomas Edward Lawrence (gest. 1935), besser bekannt als Lawrence von Arabien, den von den Briten erkorenen arabischen Führer Faisal (gest. 1933) davon zu überzeugen, eine politische Allianz mit den Zionisten einzugehen. Auch der britische Diplomat Sykes (gest. 1919) versicherte Faisal, dass die Zionisten keinen jüdischen Staat ausrufen würden. Dies war Sykes von Chaim Weizmann (gest. 1952) versichert worden, damals einflussreiches Mitglied der jüdischen Gemeinde in Großbritannien und späterer erster Präsident des Staates Israel, der noch am 26. April 1918 einer Gruppe Jerusalemer Bürgern entgegnete: „Glaubt denen nicht, die unterstellen, dass wir die politische Macht in diesem Lande am Ende des Krieges in unsere Hände nehmen wollen."[86]

Zur Jahreswende 1918/1919 kam es schließlich zu einem Treffen zwischen Faisal und Weizmann im Londoner Carlton-Hotel. Lawrence sollte als Übersetzer fungieren. Lawrence, der die beiden zusammenführte, war der Überzeugung, dass eine öffentliche Unterstützung des Zionismus seitens der Araber eine gute Politik sei und das Wohlwollen der amerikanischen und britischen Delegation

---

86 Andrews, Richard (o. J.: 289).

erwirken würde.[87] Bereits 1918 hatte Weizmann Faisal in Al-Aqaba aufgesucht und ihm gegenüber geäußert:

> Wenn er ein starkes und blühendes Araberreich aufbauen will, sind es wir, die Juden, und wir allein, die ihm dabei behilflich sein können. Wir können ihm die erforderliche finanzielle und organisatorische Hilfe leisten. Wir werden seine Nachbarn sein und keine Gefahr für ihn darstellen, da wir keine Großmacht sind und es nie sein werden.[88]

Faisal schrieb anschließend seinem Vater, Scherif Hussain, dass die Zionisten nicht daran interessiert seien, einen Staat zu gründen, sondern als Bürger in Palästina leben und zum Aufbau der Infrastruktur beitragen wollten.[89]

Doch hinter den Kulissen stellten die Vertreter des Zionismus andere Forderungen, wie Küng schreibt:

> Schon 1919 hatte die Zionistische Weltorganisation – die Balfour-Erklärung als ihre Magna Charta benutzend – auf der Pariser Friedenskonferenz eine Landkarte vorgelegt. In ihr umfasste die „Heimstätte" der Juden ganz Palästina, inklusive Transjordanien – also weit mehr als die seit 1967 besetzten Gebiete eines „Groß-Israel". Dies blieb, wie der Altzionist und Historiker Simcha Flapan (…) herausgearbeitet hat, die mehr geheim als offen propagierte Zielvorstellung der maßgebenden zionistischen Führer, wobei man untereinander nur über die Methoden – ob mehr diplomatisch und evolutiv oder mehr gewaltsam-militärisch – im Streite lag. 1937 etwa hat der 20. Zionistische Kongress mit Unterstützung aller Fraktionen

---

87 Vgl. Simpson, Colin u. Knightley, Philip (1969: 140).

88 Ebda. (141).

89 Vgl. Stewart, Desmond (1982: 290).

bestätigt, die Juden hätten ein unveräußerliches Recht, in allen Teilen Palästinas zu siedeln – auf beiden Seiten des Jordans! (…) Schon lange hatte sich freilich gezeigt: Palästina war eben gerade nicht das ‚Land ohne Volk‘, in welches das ‚Volk ohne Land‘ so einfach einziehen konnte.[90]

Trotz Faisals Annäherung an die Zionisten verlief die Konferenz nicht zu Gunsten der Araber. Der Vorschlag Präsident Wilsons, eine interalliierte Kommission nach Syrien zu entsenden, um den Willen des Volkes zu ermitteln, brachte Frankreich ebenfalls dazu, eine solche Kommission nach Mesopotamien und Palästina entsenden zu wollen. Dies konnte aber nicht im Interesse Großbritanniens und der Zionisten sein. So lehnte Großbritannien die Entsendung einer solchen Kommission ab, und auch die Zionisten übten massiven Druck auf amerikanische Politiker aus, so dass dieses Vorhaben scheiterte.[91] Schließlich gingen Frankreich und England einen Handel ein, bei dem die Engländer trotz des Sykes-Picot-Abkommens das erdölreiche Mossul erhalten und im Gegenzug dafür Faisal und Syrien fallen lassen sollten. Damit war jede Aussicht gescheitert, das Sykes-Picot-Abkommen aufzuheben:

> Die Erdölspekulanten hatten begriffen, dass man mit einer Reihe rivalisierender Araberstaaten, denen jedes Einigkeitsgefühl fehlt, leichter um Konzessionen und Ertragsanteile feilschen könne als mit einem großen, unabhängigen Araberstaat im Nahen Osten.[92]

---

90 Küng, Hans (1991: 355–358).
91 Vgl. Wilson, Jeremy (2000: 462).
92 Simpson, Colin u. Knightley, Philip (1969: 152).

Zwischen den Arabern und den zionistischen Kolonialisten kam es nun zu immer heftigeren Auseinandersetzungen. Schießereien waren an der Tagesordnung. Der britische Versuch einer gemeinsamen Verfassung scheiterte 1922 am arabischen und 1935 am zionistischen Widerstand. In der Folge brach ein Bürgerkrieg aus, verbunden mit Terroraktionen beider Seiten.

Einen weiteren Teilungsplan 1937 lehnten die Araber ab, der aber „von Ben-Gurion, dem Führer der Arbeiterpartei, der stärksten Kraft innerhalb des Zionismus, jedoch aus klugen taktischen Erwägungen akzeptiert wird. Doch das eine scheint für die Briten klar: Die Errichtung eines jüdischen Staates gegen den Willen der Araber kommt nicht in Frage (so noch in einem Weißbuch 1939)."[93]

Nach dem Zweiten Weltkrieg versuchte Großbritannien die jüdische Einwanderung zu beschränken. Die Antwort der Zionisten war ein Guerillakrieg gegen die Briten. Küng fasst die Ereignisse wie folgt zusammen:

[Die jüdische Untergrundarmee Irgun] (zusammen mit der LEHI) trägt die Verantwortung für terroristische Anschläge in den arabischen Märkten von Jerusalem und Haifa, für die Ermordung des britischen Nahost-Bevollmächtigten Lord Moyne (1944), für die teilweise Sprengung des von der britischen Regierung benutzten Hotels King David in Jerusalem mit 91 Todesopfern (1946) sowie für die überall auf der Welt mit Empörung zur Kenntnis genommene Ermordung (durch die LEHI) auch des UNO-Vermittlers Graf Folke Bernadottes (1948), nachdem er einen neuen Teilungsplan vorgelegt hatte:

---

93 Küng, Hans (1991: 361–362).

terroristische Anschläge, die von der Jewish Agency (ihre Residenz war 1948 von den Arabern gesprengt worden) und der Hagana offiziell stets verurteilt, aber faktisch toleriert wurden.[94]

Trotz dieser Gewaltakte erhielt das zionistische Vorhaben durch die Shoah, die Vernichtung des europäischen Judentums, neue, nachvollziehbare und verstärkte Akzeptanz und Unterstützung in der westlichen Welt.[95]

Die Islamisierung des europäischen Antisemitismus

Vor dem Hintergrund der eben dargestellten Ereignisse wird nachvollziehbar, wie in einer zweiten Phase infolge des Palästinakonfliktes antisemitische Vorstellungen schrittweise von Muslimen verinnerlicht, assimiliert und islamisiert wurden.

Durch den Konflikt zwischen zionistischen Kolonialisten und ansässigen Arabern in Palästina sah sich auch der Gründer und Oberste Führer der 1928 gegründeten ägyptischen Muslimbruderschaft Hasan Al-Banna (gest. 1949) gezwungen, eine Position zu den Geschehnissen einzunehmen. Grundsätzlich war ihm an einem guten Verhältnis zum Judentum gelegen. So äußerte er tiefe Betroffenheit darüber, dass die Juden in Europa wiederholt Verfolgung und

---

94 Ebda. (362).
95 Vgl. Kooperation für den Frieden (2010: 18).

Unrecht ausgesetzt waren, allerdings könne Gerechtigkeit nicht darin bestehen, dass man nun den Arabern in Palästina das Gleiche antue.[96]

Andere Muslimbrüder schlugen einen schärferen Ton an und bezeichneten die Juden als die historischen Feinde der Muslime. So äußerte Salih Al-Aschmawi: „Jeder Jude ist ein Zionist. Diese Tatsache wird bekräftigt durch vergangene Zwischenfälle und Experimente. Diese Tatsache ist so klar wie die Mittagssonne und kann nicht verändert oder geleugnet werden."[97] Und weiter: „Es ist die Wahrheit und ihre Essenz, dass die zionistische Frage nichts anderes ist, als eine jüdische Frage mit alledem, was das Wort beinhaltet."[98]

Zunehmend wurde in den Reihen der Muslimbruderschaft der Zionismus mit dem Judentum gleichgesetzt und jeder Jude als ein Feind des Islam angesehen. Hier verschiebt sich also etwas, denn ursprünglich wurde die Bezeichnung *Jude* in einem neutralen Sinn verwendet. So hieß es beispielsweise in der bedeutenden arabischen Tageszeitung *al-difā'*:

> Zwischen den Juden als normale Bewohner im arabischen Gebiet und den Arabern gibt es keinerlei Streit – außer wenn Juden mit Gewalt von den Arabern verlangen, dass letztere den ersteren erlauben, „eine nationale Heimstätte" aufzubauen.[99]

---

96 Vgl. Saleh, Mohsen (2007).

97 El-Awaisi, Abd Al-Fattah Muhammad (1998: 8).

98 Ebda.

99 Wildangel, René (2007: 144).

Hasan Al-Banna behielt lange Zeit seine differenzierte Sichtweise bei. Er störte sich nicht daran, dass Menschen jüdischen Glaubens sich in Palästina niederließen, lehnte aber die Etablierung eines jüdischen Staates ab.

Wohl unter dem Eindruck, dass die jüdischen Siedlungen, die Kibbuzim und die Moschavim zunehmend zu Wehrdörfern ausgebaut wurden, glaubte auch Al-Banna, dass der Konflikt nun nicht mehr diplomatisch, sondern nur noch durch Gewalt gelöst werden könne. Salih Al-Aschmawis Blatt *al-nadīr* („Der Warner") druckte am 26. Dezember 1938 folgende Stellungnahme des Obersten Führers der Muslimbruderschaft ab:

> Die Muslimbrüder werden ihr Leben und ihr Vermögen opfern, um jeden Winkel Palästinas mitsamt seiner arabischen und islamischen Identität bis zum Jüngsten Tag zu sichern.[100]

Nach Ansicht des Historikers René Wildangel stand die zunehmend negative Konnotation der Bezeichnung *Jude* in direktem Zusammenhang mit der überproportionalen jüdischen Einwanderung, die als eine Bedrohung des muslimischen Palästinas verstanden wurde.[101]

Mit einem Bündel an Aktionen und Maßnahmen waren es nun die Muslimbrüder, die das Thema Palästina in den Fokus der arabischen Öffentlichkeit rückten. Noch 1938 konnten arabische Politiker wie der ägyptische Premierminister Mahmud desinteressiert äußern: „Ich bin der Pre-

---

100 Saleh, Mohsen (2007).
101 Vgl. Wildangel, René (2007: 144).

mierminister von Ägypten, nicht von Palästina."[102] Dies änderte sich nun durch die Muslimbrüder. Das Spektrum ihrer jahrelang andauernden Protestaktionen soll im Folgenden angerissen werden:

Einige Male schickten die Muslimbrüder Telegramme an die UNO, an die britische Regierung und die politischen Führer der arabischen Welt mit der Bitte, der christlichen und muslimischen Bevölkerung in Palästina beizustehen.[103]

Seit 1935 organisierten die Muslimbrüder Spendenaufrufe für Palästina. Nach den Freitagsgebeten informierten sie die Moscheebesucher über die aktuellen Geschehnisse und riefen zu Spenden auf.[104]

Die Muslimbrüder gingen dazu über, die Juden in Ägypten als „Fünfte Kolonne des Zionismus" zu betrachten und riefen dazu auf, die ägyptischen Juden wirtschaftlich zu boykottieren. Hierzu erstellten sie Adresslisten von Geschäften mit jüdischen Inhabern. Unterhalb der Listen stand geschrieben: „Die Piastre, die du an diese Geschäfte bezahlst, steckst du eigentlich in die Hosentasche eines Juden in Palästina, der davon Waffen kauft und deine muslimischen Brüder in Palästina tötet."[105]

Wiederholt forderte die Muslimbruderschaft von den ägyptischen Juden ein klares Bekenntnis zur arabischen Welt und damit zu einem arabischen Staat in Palästina sowie die Verurteilung des Zionismus. Andernfalls würden sie als

---

102 Saleh, Mohsen (2007).
103 Vgl. Saleh, Mohsen (2007).
104 Vgl. El-Awaisi, Abd Al-Fattah Muhammad (1998: 38–40).
105 Ebda. (75).

Kollaborateure gelten, denen man den *ğihād* erklären müsse. Die Stimmung wurde noch verschärft, als ans Tageslicht kam, dass ägyptische Juden wöchentlich Geldsummen und Waffen von Ägypten nach Palästina schmuggelten. Ägyptische Juden wie Leon Castro, die sich dem Zionismus verpflichtet fühlten, nutzten die Synagogen als Propagandaplattform, um Unterstützung für die Juden in Palästina zu organisieren. Für den Muslimbruder Umar Al-Tilmisani (gest. 1986) war dies der Beweis, dass alle ägyptischen Juden Zionisten waren und Ägypten bedrohten. Er warnte, dass man entsprechende Maßnahmen gegen sie ergreifen würde.[106]

Durch den Palästinakonflikt verschmelzen in der Wahrnehmung somit Juden und Zionisten zu einem einzigen Feindbild, was jüdische Minderheiten in der arabischen Diaspora auf einmal als Fremde, ja Gegner erscheinen ließ. Zudem begünstigte diese Wahrnehmung auch die zunehmende Aufnahme von Klischees über die Juden aus dem europäischen Raum, sowohl in muslimischen als auch säkularen Kreisen.[107] Nach dem Historiker Yehoshua Porath könnte man diese Entwicklung im damaligen Kontext auch als ein Nebenprodukt der westlichen Orientierung der arabischen Gesellschaften verstehen.[108]

Zudem organisierten die Muslimbrüder landesweite Demonstrationen. Bei einer solchen Protestbekundung am 2. November 1945 kam es zu Gewaltausbrüchen gegen jü-

---

106 Vgl. ebda. (68–73 u. 180–181).
107 Vgl. Wildangel, René (2007: 184).
108 Vgl. ebda. (186).

dische Geschäfte, bei denen fünf Menschen starben und ca. 200 verletzt wurden. Während Hasan Al-Banna diese Ausschreitungen verurteilte, äußerte der Muslimbruder Salih Al-Aschmawi, dass die Juden selbst die Brandsätze gelegt hätten.[109]

Ab 1935 nahm die Muslimbruderschaft Kontakt zu den islamischen Gruppen in Palästina auf. Damit wurde der Grundstein für eine enge Zusammenarbeit gelegt und die Muslimbruderschaft begann die Palästinenser mit Waffen zu versorgen.[110] Im Kairoer Hauptquartier der Organisation nahm ein 29-köpfiges Palästina-Komitee, angeführt von Hasan Al-Banna, seine Arbeit auf.[111]

Der 20-jährige Said Ramadan (gest. 1995) wurde im Oktober 1945 beauftragt, die islamischen Führer Palästinas zu bewegen, Teil der Muslimbruderschaft zu werden. Insbesondere die Fürsprache des palästinensischen Großmufti Muhammad Amin Al-Husaini (gest. 1947) sollte hierbei ausschlaggebend sein, dass sich die ersten Zweigstellen der Muslimbruderschaft in Jerusalem etablierten, die sich aus Gelehrten, Anwälten, Händlern und Schaikhs zusammensetzten. Al-Husaini erlangte später „Berühmtheit", da er mit den Nationalsozialisten kollaborierte. Oftmals wird im Westen dieser Zusammenarbeit mehr Bedeutung beigemessen, als sie eigentlich verdient. Wildangel erklärt, sie sei überhaupt nicht repräsentativ für die arabische oder gar muslimische Welt und würde andere arabisch-palästinensi-

---

109   Vgl. El-Awaisi, Abd Al-Fattah Muhammad (1998: 177).
110   Vgl. ebda. (31–33 u. 93).
111   Vgl. ebda. (36).

sche Stimmen marginalisieren, die sich gegen die National-sozialisten aussprachen.[112]

Es folgten innerhalb von drei Wochen weitere Zweig-stellen in Haifa, Hebron, Jaffa sowie Gaza und erste Ansätze zeigten sich in Ramallah, Lydda, Ramla und Jericho.[113] Schließlich versuchten die Muslimbrüder auch durch mi-litante Drohgebärden Druck auf die ägyptische Regierung auszuüben, aber auch entsprechende Warnsignale an die bri-tische Besatzungsmacht auszusenden, wenn man beispiels-weise im Anschluss an die Konferenz in Zagazig am 5. Sep-tember 1938 öffentlichkeitswirksam polterte, die ägyptische Jugend sei bereit, die heiligen Stätten der Christen und Mus-lime gegen die Aggressionen der Kolonialmächte und Zio-nisten zu verteidigen.[114]

Wie andere politische Parteien Ägyptens in der damali-gen Zeit verfügte auch die Muslimbruderschaft über einen militärischen Geheimapparat. Seine Existenz war nur den wenigsten Muslimbrüdern bekannt. Ursprünglich gegrün-det, um das Land notfalls auch mittels Gewalt von der briti-schen Besatzungsmacht zu befreien, zog man nun auch in Erwägung, den Geheimapparat für eine militärische Ausei-nandersetzung mit den jüdischen Kolonialisten einzusetzen.

Diese Überlegungen entwickelten sich nicht im luftlee-ren Raum. Die jüdischen Siedler selbst hatten im britischen Mandatsgebiet mit der Hagana eine schlagkräftige Unter-grundarmee aufgebaut, die die jüdischen Siedlungen und

---

112 Vgl. Wildangel, René (2007: 349–350 u. 409).
113 Vgl. Baumgarten, Helga (2006: 18).
114 Vgl. El-Awaisi, Abd Al-Fattah Muhammad (1998: 91–92).

politischen Ziele des Zionismus verteidigen sollte. Zunehmend verübte die zionistische Seite – wie bereits erwähnt – hierzu auch Terroranschläge, um ihre Gegner auszuschalten.

Im Februar 1947 fassten die Briten den Entschluss, das kostspielige Engagement in Palästina auf- und das Mandat an die UNO abzugeben. Eine UNO-Kommission empfahl das Mandatsgebiet in einen jüdischen und einen arabischen Staat aufzuteilen und unter Verwaltung der UNO eine separate Enklave Jerusalem zu bilden. Der Plan sah vor, 56,5 Prozent des Gebietes den 650 000 Juden und 43,5 Prozent den 1 135 000 arabischen Einwohnern zuzusprechen. Dieser Teilungsplan wurde schließlich am 29. November 1947 von der UNO-Generalversammlung mit der Resolution 181 mit 33 gegen 13 Stimmen und zehn Enthaltungen angenommen. Zu den ablehnenden Stimmen gehörten Afghanistan, Ägypten, Griechenland, Indien, Irak, Iran, Jemen, Kuba, Libanon, Pakistan, Saudi-Arabien, Syrien und die Türkei, also vor allem die muslimische und die unmittelbar betroffene arabische Staatenwelt. Umso mehr musste für die muslimische Welt der Staat Israel nun als ein unnatürliches, künstliches Konstrukt erscheinen, eine westliche Kolonie.

Am 14. Mai 1948 proklamierte David Ben-Gurion den Staat Israel, einen Tag später erklärte die neu gegründete Arabische Liga diesem den Krieg. Dies löste eine Massenflucht der arabischen Bevölkerung aus, die Pogrome fürchtete. Und wo die arabischen Einwohner nicht weichen wollten, verübten die Israelis, so der Historiker Benny Morris, auch Massaker, willkürliche Tötungen wie etwa in Sahila (70 bis 80 Ermordete), Deir Yassin (100 bis 110 Ermordete),

Lod (250 Ermordete), und Dawayima (mehrere hundert Ermordete). Morris rechtfertigt dieses Vorgehen der israelischen Seite, da ansonsten „kein Staat entstanden (wäre). Das muss klar sein. Das lässt sich nicht vermeiden. Ohne die Vertreibung der Palästinenser, wäre hier kein jüdischer Staat entstanden."[115]

Die Muslimbruderschaft hatte bereits im Oktober 1947, also schon vor der Abstimmung der UNO über die Teilung Palästinas im November, damit begonnen, Kämpfer zu rekrutieren, die dann mit Zustimmung der ägyptischen Regierung durch Militäroffiziere ausgebildet wurden. Am 18. Oktober war dann das erste Bataillon zusammengestellt, das zweite folgte am 6. März 1948 und das dritte erreichte Palästina im Mai 1948. Die syrische und die trans-jordanische Muslimbruderschaft entsendeten ebenfalls jeweils ein Bataillon. Insgesamt sollen schätzungsweise 1500 Muslimbrüder in Palästina gekämpft haben.[116] Al-Banna war gerade mit der Zusammenstellung eines vierten Bataillons beschäftigt, das er selber anführen wollte, als die Muslimbruderschaft am 8. Dezember 1948 aufgrund innerpolitischer Querelen in Ägypten verboten und die ägyptische Armee aufgefordert wurde, die Muslimbrüder festzunehmen.

Nachdem Israel den ersten arabisch-israelischen Krieg gewonnen hatte, annektierte es weitere Gebiete, so dass es eine territoriale Erweiterung von 56 auf 77 Prozent erfuhr. Auf dem verlassenen Land der Araber entstanden so 186 neue israelische Siedlungen.

---

115 Zückmantel, Anja; Morris, Benny (2007: 32–33).
116 Vgl. Abu-Amr, Ziad (1994: 2).

Nach der Niederlage im arabisch-israelischen Krieg intensivierte sich der islamisch verbrämte Antisemitismus. Er zieht sich durch die meisten Werke des Muslimbruders Sayyid Qutb (gest. 1966) und erhält durch seine sechsbändige Exegese *fī ẓilāl al-Qurʾān* („Im Schatten des *Qurʾān*") eine „heilige" Legitimation. Nach Qutb beginnt die Feindschaft zwischen Juden und Muslimen mit der Auflehnung Ersterer gegen den Propheten Muhammad in Medina. Seit die Juden militärisch geschlagen wurden, seien sie ununterbrochen bemüht, aus dem Schatten heraus mit ihren Eigenschaften der List und der Verschlagenheit den Islam zu zerstören. So stehe hinter den christlichen Kreuzzügen, die mit dem europäischen Kolonialismus ihre Fortsetzung fänden, und dem Kommunismus, der nach Qutb eine jüdische Erfindung ist, das Weltjudentum. Ziel der Juden sei die Weltherrschaft, an deren Ende nur das Judentum selbst überleben solle. Der Kampf gegen die Juden sei daher zum Wohle der gesamten Menschheit. Eine Differenzierung der Juden von damals und heute sei nicht nötig, da die jüdische Psyche und Verhaltensweise in jeder Generation gleich bleibe.[117]

Manche Muslime definierten sich nun als Widerpart zum „verschwörerischen Judentum" und fanden in wirren Verschwörungstheorien eine Kompensation und scheinbar einleuchtende Begründung für ihre Verlorenheit in einer vom Westen diktierten Moderne.

Es kommt hier also zu einer radikalen Neudeutung der islamisch-jüdischen Geschichte, aufgeworfen von Qutb, einem in den islamischen Wissenschaften nicht ausgebilde-

---

117 Vgl. Quṭb, Sayyid (1999: 17).

ten Laien, die später bedauerlicherweise aber auch in wissenschaftlichen Kreisen übernommen wurde. Denn Qutb und jene, die sich ihm anschlossen, dienen antisemitischen Verschwörungstheorien im islamischen Gewand zur hinreichenden Welterklärung für den Niedergang der islamischen Zivilisation. Das Bündnis der Juden mit den anderen Feinden des Islam (nach Qutbs Weltanschauung waren dies die Christen) sei daher eine Selbstverständlichkeit. Eindringlich warnt Qutb seine Leser, dass niemand sich täuschen lassen solle, dass es sich bei den Konflikten der Gegenwart um politische oder wirtschaftliche Auseinandersetzungen handle. Als naive und verwirrte Muslime verhöhnt er jene, die nicht sehen könnten, dass der Konflikt zwischen der jüdisch-christlichen und der muslimischen Welt ein religiöser und ideologischer sei.[118]

---

118   Vgl. ebda. (114).

Die Genese der HAMAS

Nach Ende des ersten arabisch-israelischen Krieges benötigte die Muslimbruderschaft in Palästina vor allem Zeit, um sich zu reorganisieren und sich auf die veränderte Lage einzustellen. Daher konzentrierte man sich wieder auf die ursprüngliche Programmatik, nämlich die Vermittlung des Islam, um eine rechtschaffene Generation hervorzubringen. Finanzielle Unterstützung erhielten sie hierbei von der Mutterorganisation in Ägypten und von Muslimbrüdern aus der Golfregion.[119] Denn die Realität – insbesondere im Gazastreifen – war nach dem Krieg geprägt durch extreme Armut, von Flüchtlingen, die notdürftig in Lagern untergebracht worden waren, und vom Zusammenbrechen der traditionellen Sozialstruktur.[120]

Trotz einiger militanter Töne war der Befreiungskampf somit auf unbestimmte Zeit verlegt worden. Und so widmeten sich die Muslimbrüder in den kommenden Jahrzehnten dem Aufbau einer Infrastruktur für die palästinensische Bevölkerung. Dabei standen zwei Projekte im Mittelpunkt:

Zum einen der Bau von Moscheen. Von 1967 bis 1987 stieg die Zahl der Moscheen in der Westbank von 400 auf 750, im Gazastreifen von 200 auf 600 – mitfinanziert vom

---

119 Vgl. Abu-Amr, Ziad (1994: 8).

120 Vgl. Baumgarten, Helga (2006: 28).

israelischen Militär. Der israelische Militärgouverneur in Gaza, Brigadier General Yitzhak Segev, erklärte, es sei das Ziel gewesen, die Muslimbruderschaft als Gegengewicht zur säkularen und nationalistischen PLO aufzubauen: „Die israelische Regierung gab mir ein Budget und die Militärregierung gibt es an die Moscheen."[121] Auch Brigadegeneral a. D. Benjamin Ben Eliezer, der von 1983 bis 1984 Koordinator der israelischen Politik in den besetzten Palästinensergebieten war, erklärte:

> Hinsichtlich der [Palästinenser-] Gebiete hat es noch nie ein klares, langfristig angelegtes politisches Konzept gegeben, weil es keine nationale Einigung über die dort zu verfolgenden Ziele gab. Niemand machte sich die Mühe, in die Zukunft zu schauen. (…) Alle betrachteten die Lage durch die Sicherheitsbrille: Was zählte, war, politische Subversion zu verhindern und Prozesse zu blockieren, die zu Terrorakten führen könnten. In diesem Zusammenhang sagte man damals, lasst uns als Gegengewicht zur PLO den Islam gedeihen lassen. Sie [die Palästinenser] sollten sich lieber mit Gott als mit Terrorismus beschäftigen.[122]

Ähnlich äußerte sich auch Moshe Arens, Israels Verteidigungsminister von 1982 bis 1984:

> Zweifelsohne sah man darin (in den Aktivitäten der Islamisten) ein gesundes Phänomen, das die PLO stoppen könnte. Von Seiten des Militärs und des Inlandgeheimdienstes Schabak gab es wohl auch den Versuch, die Fundamentalisten als

---

121 Ebda. (32).
122 Croitoru, Joseph (2007: 49).

Gegengewicht zur PLO zu fördern. So hatte man mir bei Amtsantritt mitgeteilt. De facto wurde jedenfalls nichts unternommen, um sie aufzuhalten.[123]

Die Muslimbruderschaft bestreitet natürlich jede Kooperation mit der israelischen Besatzungsmacht und sieht in solchen Verlautbarungen vielmehr einen Versuch ihrer Diskreditierung.[124]

Das zweite Ziel betrifft die Schaffung von Sozialeinrichtungen der Muslimbruderschaft. Ein Beispiel dafür ist das Islamische Zentrum in Gaza, das eine Moschee, eine Poliklinik, eine Jugendsporthalle, einen Kindergarten, eine Festhalle, ein Frauenzentrum und ein Almosen-Komitee beherbergt. 1978 erhielt es eine offizielle Lizenz von der israelischen Besatzung und fungiert als Hauptquartier der Muslimbruderschaft in Palästina.[125] Daneben wurden in den Palästinensergebieten Kindergärten, Schulen, Bibliotheken, Sportclubs, Wohltätigkeitsorganisationen und die Islamische Universität Gaza gebaut.[126]

Die erste Intifada 1987 zwang schließlich die Muslimbruderschaft zum Handeln. Auslöser war ein schwerer Verkehrsunfall am 8. Dezember. Ein israelischer Lastwagen war mit zwei Sammeltaxis zusammengestoßen, deren Fahrgäste palästinensische Tagelöhner auf dem Weg zurück in ihre Flüchtlingslager waren. Die Folge: vier Tote. Dieses Ereignis war der Tropfen, der das Fass angestauter Wut über das men-

---

123   Ebda. (52–53).
124   Vgl. Baumgarten, Helga (2006: 32).
125   Vgl. ebda. (33).
126   Vgl. ebda. (33 u. 44).

schenunwürdige Leben unter der israelischen Besatzung und die Ohnmacht gegenüber der israelischen Siedlungspolitik zum Überlaufen brachte. Allerorts in den besetzen Gebieten fanden in der Regel friedliche, manchmal aber auch von gewalttätigen Ausschreitungen begleitete Massendemonstrationen statt, die auf ein Ende der Besatzung pochten.[127]

Tags darauf versammelten sich die Führer der palästinensischen Muslimbruderschaft, um ihr Vorgehen in dieser Krise zu besprechen. Man befand sich in einem Dilemma. Die Intifada kam für die Muslimbrüder völlig überraschend. Nicht an ihr zu partizipieren, hätte der islamischen Bewegung einen Großteil ihres Nachwuchses gekostet und ihr Ansehen in der palästinensischen Bevölkerung dauerhaft beschädigt. Aber wie sollte man diesen Wandel kommunizieren, wenn man noch kurz zuvor proklamiert hatte, die Zeit des *ğihād* sei noch nicht gekommen und dass man zunächst eine rechtschaffene Generation erziehen müsse?

Den Ausweg stellte die Gründung der HAMAS dar, ein Akronym für *ḥarakat al-muqāwama al-islāmiyya* (Bewegung des islamischen Widerstandes), zugleich bedeutet das Wort *Eifer*.[128]

Die HAMAS war als eigenständige Organisation gedacht, um die institutionelle Struktur der Muslimbruderschaft vor israelischen Vergeltungsschlägen zu schützen. Erst Monate später, als sich abzeichnete, dass die Intifada von Dauer sein würde (sie dauerte bis 1993), gab man sich

---

127 Vgl. ebda. (37) u. Legrain, Jean-François (1997: 159–178) u. Abu-Amr, Ziad (1994: 53).

128 Vgl. Abu-Amr, Ziad (1993: 11).

in einem Flugblatt als Arm der Muslimbruderschaft zu erkennen.[129]

In der HAMAS werden zugunsten des Primats der Raumbeherrschung der universelle Horizont des *Qur'ān* und seine ethischen Werte zurückgestellt und es wird mittels des islamisch verbrämten Antisemitismus „der Jude" zum Feindbild erklärt, gegen den jedes Mittel recht ist – selbst die gänzlich unislamischen Selbstmordattentate, die erstmals am 6. April 1993 zum Einsatz kommen sollten. So heißt es in der HAMAS-Charta (Hervorhebungen durch den Autor):

> Die Islamische Widerstandsbewegung ist einer der Flügel der Muslimbrüder in Palästina. Die Bewegung der Muslimbrüder ist eine internationale Organisation, und sie ist die bedeutendste der islamischen Bewegungen in der modernen Zeit. Sie zeichnet sich aus durch tiefes Verständnis, präzise Vorstellung und vollkommene Ganzheitlichkeit aller islamischen Konzepte auf den verschiedensten Gebieten des Lebens: in Denken und Glauben, in Politik und Wirtschaft, in Erziehungs- und Sozialwesen, in Rechts- und Regierungswesen, in [religiöser] Unterweisung und Bildung, in Kunst und Medien, in Mysterium und Märtyrium und auf den anderen Gebieten des Lebens.[130] (Artikel 2)

> *Die Feinde haben seit langer Zeit geplant* und ihre Planung präzisiert, um so zu erreichen, was sie erreicht haben. (…) Sie strebten danach, gewaltige und *mächtige materielle Reichtümer anzuhäufen* und sich ihrer zur Verwirklichung ihres Traumes zu bedienen. So erlangten sie durch das Vermögen die *Kontrolle über die internationalen Medien- und Nachrichtenagenturen, Presse, Verlage, Rundfunk* und andere. Durch das

---

129 Vgl. Baumgarten, Helga (2006: 40).
130 Ebda. (209).

Vermögen *lösten sie Revolutionen in verschiedenen Teilen der Welt aus, um ihre Interessen zu verwirklichen* und Gewinne zu erzielen. Sie standen hinter der Französischen Revolution und den meisten Revolutionen hier und da, von denen wir gehört haben und hören. Mit dem Vermögen bildeten sie die *Geheimorganisationen*, die in den verschiedenen Teilen der Welt verbreitet sind, um die Gesellschaften zu zerstören und die Interessen des Zionismus zu verwirklichen, wie die *Freimaurerei, die „Rotary" und „Lion Clubs",* die ‚Söhne des Bundes' und andere. Es sind allesamt subversive Spionageorganisationen. Mit dem Vermögen konnten sie die *Kontrolle über die kolonialistischen Staaten erlangen und sie zur Kolonisierung vieler Länder veranlassen,* um die Reichtümer jener Länder abzuschöpfen und dort ihre Unmoral zu verbreiten (...). *Sie standen hinter dem Ersten Weltkrieg, wo sie es schafften, den Staat des islamischen Kalifats zu beseitigen, und wo sie (...) die Balfour-Erklärung erhielten und den Völkerbund schufen,* um die Welt mittels dieser Organisation zu beherrschen. Und *sie standen hinter dem Zweiten Weltkrieg, wo sie (...) die Errichtung ihres Staates anbahnten und wo die Bildung der Organisation der Vereinten Nationen und des Sicherheitsrates anstelle des Völkerbundes anregten, um damit die Welt zu beherrschen.* Es gibt keinen Krieg, der hier oder da im Gang ist, ohne dass sie ihre Finger dahinter im Spiel haben. (...) So unterstützten die kolonialistischen Kräfte im kapitalistischen Westen und im kommunistischen Osten den Feind mit aller verfügbaren Kraft, materiell und menschlich, wobei sie sich in den Rollen untereinander abwechseln. Sobald der Islam in Erscheinung tritt, schließen sich ihm gegenüber die Kräfte des Unglaubens zusammen, denn die Gemeinschaft des Unglaubens ist ein und dieselbe.[131] (Artikel 22)

---

131 Ebda. (218–219).

Die Islamische Widerstandsbewegung ist *ein Glied in der Kette des Dschihad* in der Konfrontation mit der zionistischen Invasion.[132] (Artikel 7)

Die Initiativen und die so genannten Friedenslösungen sowie die internationalen Konferenzen zur Lösung der Palästina-Frage stehen im Widerspruch zum Bekenntnis der Islamischen Widerstandsbewegung, denn *die Aufgabe irgendeines Teiles von Palästina bedeutet einen Teil der Religion aufzugeben.*[133] (Artikel 13)

Die starke Referenz auf die „Protokolle der Weisen von Zion", die auch in Artikel 32[134] explizit genannt werden, verdeutlichen, dass der Islam allein zu wenig Nährboden für Antisemitismus hergibt. Kiefer gibt zu bedenken:

Die aufgeführten Beispiele zeigen Narrationen, die dem modernen europäischen Antisemitismus oder dem christlichen Antijudaismus entnommen sind. Die muslimischen Erzähler haben sie quasi islamisiert. Genau dies ist eines der zentralen Merkmale des heutigen Antisemitismus. Er ist längst zu einem „flexiblen Code" geworden, der ohne Probleme mit einer Vielzahl von Ideologiefragmenten oder religiösen Erzählungen verbunden werden kann.[135]

Seit den 1990er Jahre puschen sich Extremisten im Nahen Osten sowohl auf palästinensischer als auch israelischer Seite gegenseitig und verschärfen so die Gewaltspirale. Es wäre nun mühselig diese im Detail darzustellen, jedoch sol-

---

132 Ebda. (211).
133 Ebda. (213).
134 Vgl. ebda. (224).
135 Kiefer, Michael (2017).

len fünf entscheidende Vorfälle aufgezeigt werden, die die Eskalation entscheidend vorangetrieben haben:

Am 11. April 1982 schoss sich der israelische Wehrdienstleistende Allan Harry Goodman, Anhänger des radikalen Rabbiners Meir Kahane (gest. 1990) („Wir oder die Araber"), mit seinem M16-Schnellfeuergewehr den Weg zum Felsendom frei. Dabei ermordete er zwei arabische Wächter und verletzte 20 weitere Personen, bevor er von der israelischen Polizei festgenommen werden konnte.[136]

Als 1990 die jüdische Gruppe *Getreue des Tempelbergs* bekannt gab, die muslimischen Stätten auf dem Tempelberg entfernen und den Grundstein für den Wiederaufbau des jüdischen Tempels legen zu wollen, versetzte dies die muslimischen Palästinenser in Aufruhr. Zwischen 3000 und 5000 Muslime versammelten sich daraufhin auf dem Tempelberg. Dies führte am 8. Oktober zu massiven Zusammenstößen mit der israelischen Polizei. Deren Folge: 17 tote Palästinenser und 150 Verletzte. Die HAMAS erklärte nun, dass man ab sofort jeden Soldaten und jeden Siedler als Angriffsziel betrachten würde.[137]

Zwei Jahre später kommt es zu einer Entführungswelle[138] israelischer Soldaten und deren anschließender Tötung. Erst im Dezember 1992 stellen HAMAS-Kämpfer die Forderung, den inhaftierten geistigen Führer der HAMAS Ahmad Yasin (gest. 2004) im Austausch gegen gefangenge-

---

136 Vgl. Dietl, Wilhelm (1984: 161–162).

137 Vgl. Baumgarten, Helga (2006: 81).

138 Erstmals entführte die HAMAS im Frühling 1989 zwei israelische Soldaten und ermordete diese. Forderungen wurden keine gestellt.

haltene Soldaten frei zu lassen. Die israelische Regierung lehnt ab, die Soldaten werden getötet. Der israelische Staat reagiert mit einer Verhaftungswelle von 1000 mutmaßlichen HAMAS-Aktivisten. Daraufhin erklärt die HAMAS jeden Juden, gleich ob Mann oder Frau, zur Zielscheibe.

Am 25. Februar 1994 eskaliert die Situation weiter, als der israelische Siedler und Terrorist Baruch Goldstein 29 betende Palästinenser in der Ibrahim-Moschee in Hebron erschießt. Dabei kommt auch er selber ums Leben. Zur weiteren Verschärfung der Lage zwischen Israelis und Palästinensern trägt der große Beerdigungszug von Jerusalem nach Kiviyat zu Ehren Goldsteins bei. Während der Grabrede hetzt Rabbi Yaacov, dass „eine Million Araber nicht einen jüdischen Fingernagel wert"[139] seien. In der israelischen Bevölkerung kommt es zu einer Debatte über die Rolle der Siedler. Der damalige Regierungschef Rabin äußerte unverblümt: „Ihr [Siedler] seid nicht Teil der israelischen Gemeinschaft … ihr seid eine Schande für den Zionismus, eine Peinlichkeit für die jüdische Religion."[140] Der Siedlungsbewegung entgeht nicht, dass vielleicht in diesem Moment in der Bevölkerung die größte Bereitschaft vorherrscht, die Siedlungen aufzugeben. Der einflussreiche Oberrabbiner Schlomo Goren droht, dass man bereit sei, Widerstand bis zum Tode zu leisten. Rabin wird dann am 4. November 1995 von dem jüdischen Siedler Yigal Amir ermordet.[141]

---

139 Baumgarten, Helga (2006: 106).
140 Ebda. (107).
141 Vgl. ebda.

Als Reaktion auf den Terroranschlag in Hebron beginnt die HAMAS nun Selbstmordattentate einzusetzen. Am 6. April 1994 explodiert eine Autobombe an einer Bushaltestelle in Afula, bei der acht Menschen, darunter der Attentäter, getötet und 40 verletzt werden. Diese Eskalation rechtfertigt der HAMAS-Führer Khalid Maschaal wie folgt: „Was kam zuerst, die Besetzung oder der Widerstand? Israel begann mit der Besatzung und als Reaktion kam der Widerstand."[142]

Die islam-rechtliche Legitimation holt sich die HAMAS bei dem ägyptischen Gelehrten Yusuf Al-Qaradawi. Für jedes Selbstmordattentat wird wiederum die palästinensische Bevölkerung kollektiv bestraft.[143]

Maschaals Argumentation lässt der indische Gelehrte und Friedenslehrer Maulana Wahiduddin Khan nicht gelten. Militante Bewegungen wie die HAMAS, die sich auf den Islam berufen, stünden mit ihren Handlungen im Widerspruch zu den islamischen Rechtsauffassungen[144] und seien daher als Terrororganisationen einzustufen, die sich, obwohl sie sich auf den Islam berufen möchten, nur auf ein pervertiertes Unwesen namens Islam stützen können, das nicht dem Religionsverständnis von 1,5 Milliarden Muslimen weltweit entspricht.[145] Der *ğihād* dieser Gruppierungen hätte nichts mehr gemeinsam mit der islamischen Auffassung von Selbstverteidigung. Mit der Erlaubnis, sich mittels Waffen

---

142 Al-Jazeera (2008).

143 Vgl. Baumgarten, Helga (2006: 114).

144 Vgl. Khan, Maulana Wahiduddin (2002: 27 u. 36).

145 Vgl. Khan, Maulana Wahiduddin (2009: 88).

zu verteidigen, legte der Prophet Muhammad den Muslimen zugleich eine verbindliche Kriegsethik auf: Nichtkombattanten sind zu verschonen, destruktive Wirtschaftskriegsführung und unnötige Zerstörung von Infrastruktur sind zu unterlassen.[146] Diese Kriegsethik wird jedoch, so der indische Gelehrte, von militanten Bewegungen, die sich so gerne auf den Islam berufen, gar nicht eingehalten. Darüber hinaus hätten Gelehrte, die bestimmten militanten Bewegungen nahestünden, die islamische Kriegsethik pervertiert, indem sie Selbstmordattentate für legitim erklärten. Khan erwähnt hierbei ausdrücklich Al-Qaradawi, der Mitglied der ägyptischen Muslimbruderschaft ist. Khan hält Al-Qaradawi entgegen, dass die Selbsttötung niemals in der islamischen Geschichte als Märtyrertod verstanden wurde.[147] Al-Qaradawi toleriere mit seinem Rechtsgutachten den im Islam rechtswidrigen Grundsatz, dass der politische Zweck alle Mittel heiligt. Politik, nicht der *Qur'ān* werde damit zum wichtigsten Bezugspunkt im Denken dieses Gelehrten. Und überhaupt besitze einzig der gewählte Vertreter aller Muslime – den es heute nicht mehr gibt – das Recht, den Selbstverteidigungsfall auszurufen. Auch hier breche die HAMAS mit den Grundsätzen des Islam. Einzig der gewaltlose Widerstand dürfe in Palästina zum Einsatz kommen:[148]

> Heute haben wir letztendlich eine Stufe erreicht, in der jede Form von Gewalt nicht wünschenswert ist. Wahrlich, eine friedvolle Strategie ist die einzige überlebensfähige Lösung.

---

146   Vgl. Khan, Maulana Wahiduddin (1999: 178).
147   Vgl. Khan, Maulana Wahiduddin (2009: 94–96).
148   Vgl. Khan, Maulana Wahiduddin (2002: 27 u. 36).

(...) Es ist daher keine Übertreibung zu sagen, dass in der heutigen Zeit ein gewalttätiges Engagement nicht nur eine viel schwerer zu ergreifende Alternative ist, sondern dass sie in der Praxis nicht sinnvoll ist. Dagegen ist die Gewaltlosigkeit nicht nur die viel leichter zu ergreifende Alternative, sondern sie ist im höchsten Maße die effektivere und Resultate erzielendere Methode. Heute ist die friedvolle Handlungsweise nicht nur eine von vielen Möglichkeiten, es ist die einzige praktikable und gewinnbringende Option. Da dem so ist, ist es nur rechtens zu sagen, dass Gewalt verworfen werden kann.[149]

Wichtig ist jedoch festzuhalten, dass für den eigentlichen Selbstmordattentäter die islamische Legitimation sekundär, wenn nicht sogar tertiär ist. Der Soziologe Dawud Gholamasad schreibt in seiner Studie *Selbstbild und Weltsicht islamistischer Selbstmord-Attentäter*, dass entgegen der weitläufigen Ansicht, Selbstmordattentäter wären lediglich religiöse Objekte, die von fanatischen Führern manipuliert werden, ihre Testament-Erklärungen ein gänzlich anderes Bild wiedergeben. Er schreibt über das islamische Selbstmordverbot und die Selbstlegitimation der Attentäter:

Nur wenn die Fortsetzung des eigenen Lebens nichts anderes mehr zur Folge hätte außer „Schande", wäre der Wunsch nach dem Tod als Erlösung eine selbstwertdienliche Strategie und als solche zulässig. Und wo die eigene „Wehrhaftigkeit" des Einzelnen das zentrale selbstwertrelevante Vergleichskriterium zwischen „ehrhaftem" Sterben und „schändlichem" Leben ist, dort ist jeder Verteidigungsakt eine Ehrensache.[150]

---

149 Ebda. (23–25).
150 Gholamasad, Dawud (2006: 30).

Palästinensische Selbstmordattentäter, die vor der Ausführung ihrer Tat gefasst wurden, nennen in der Regel drei Motive für ihre Handlungen:

> Erniedrigung, Erniedrigung und abermals Erniedrigung: Manchmal müssten sich palästinensische Frauen an den israelischen Kontrollposten entkleiden. Es kommt auch vor, dass Männer gezwungen würden, Frauen in aller Öffentlichkeit zu küssen – in der arabischen Gesellschaft ist das verpönt. Manchmal gingen die Schikanen so weit, dass zu bestimmten Zeiten alle Palästinenser mit Namen Mohammed nicht passieren durften (…) Viele Frauen hätten an den Kontrollposten gebären müssen, weil israelische Soldaten ihnen die Passage zum nächsten Krankenhaus verwehrt hätten.[151]

Der israelische Psychologe Ariel Merari, der in die gleiche Richtung forscht, sagt deckungsgleich:

> Viele Leute denken ja, diese Menschen seien durch islamistischen Fanatismus motiviert. Das stimmt nicht ganz. In unserer Studie fragten wir die Attentäter, wie oft sie in die Moschee gingen und wie religiös sie sich selbst einschätzten. Demnach waren streng Religiöse nur eine Minderheit. (…) Wir haben den Attentätern Fragebögen mit mehreren Antwortmöglichkeiten gegeben. Die meisten kreuzten an, dass die Besetzung der palästinensischen Gebiete und die damit verbundene Demütigung ihrer Nation für sie die wichtigste Motivation gewesen seien. Religion war wieder nur ein Nebenaspekt.[152]

---

151 Ebda. (80).
152 Schäfer, Susanne (2010).

Mögen Gruppierungen wie die HAMAS Selbstmordattentate auch religiös legitimieren, für die Attentäter selber sind diese Rechtfertigungen, so Gholamasad, nicht entscheidend, sondern „die soziogenen Ängste, die das Leben für manche Menschen nicht mehr lebenswert machen."[153] Dem Anthropologen Talal Asad zufolge werden Selbstmordattentate vor allem dann zu einer Handlungsoption, wenn alle politischen Wege blockiert sind.[154]

Zugleich radikalisierten sich auch Teile der Siedlerbewegung immer weiter. Rabbi Yitzhar Shapira veröffentlichte 2009 das Buch *Torat ha Melekh* („Die Thora des Königs"), das sich mit dem Töten von Nichtjuden befasst. Er schreibt darin, dass das Töten von Nichtjuden in Friedenszeiten verboten sei, aber da sich Israel im Krieg befände und Nichtjuden die Existenz von Juden bedrohen, sei die Tötung Ersterer empfehlenswert, gleichgültig ob es sich um einen gerechten oder ungerechten, friedliebenden oder gewalttätigen Nichtjuden handelt. Dies, so der Rabbi, schließe auch die Tötung von Kindern mit ein, wenn davon auszugehen sei, dass diese sich später gegen Juden wenden könnten. Dieses Buch wurde von vier prominenten Rabbinern unterstützt und erschien 2011 in der dritten Auflage. Zugleich soll aber auch nicht unterschlagen werden, dass die israelische Staatsanwaltschaft sowohl gegen den Verfasser wie auch die vier Mit-Unterzeichner ermittelte.[155] Allerdings wurden die Ermittlungen 2012 folgenlos eingestellt.

---

153 Gholamasad, Dawud (2006: 84).
154 Vgl. Asad, Talal (2007: 47).
155 Vgl. Avnery, Uri (2011).

Angesichts der zunehmenden Islamisierung des Antisemitismus und der Charta der HAMAS kann mit dem Historiker Wolfgang Benz gesagt werden, dass die zentrale Botschaft von Verschwörungstheorien stets die angebliche Feindschaft einer Minderheit gegen die Mehrheit darstellt.[156] Auch bei Qutb und der HAMAS wird aus der zahlenmäßig bedeutend kleineren jüdischen Religionsgemeinschaft ein monolithischer globaler Weltverschwörer. Gänzlich unreflektiert greift Qutb politische Schlagwörter seiner Zeit auf, wenn er vom Weltzionismus, von den kreuzfahrenden Kirchen und vom Weltkommunismus schreibt, die gemeinsam den Islam bekämpften.[157] Qutbs geschlossenes Feindbild „des" Juden, das von einer konstitutionellen Schlechtigkeit aller Juden ausgeht, zeigt sich auch unbeeindruckt von den positiven jüdischen Gestalten im *Qur'ān*, wie z.B. dem Herrscher Saul, den Propheten-Königen David und Salomon und schließlich dem Propheten Jesus. Stattdessen wird Fehlverhalten von Juden überbetont und dient dazu, die Unveränderbarkeit des jüdischen Charakters zu belegen.

Der jüdische Gelehrte Moses Mendelsohn (gest. 1786) hatte einst prägnant festgehalten, dass Judenfeinde den gegenwärtig lebenden Juden die Fehler ihrer Vorfahren vorhalten, „ohne zu bedenken, dass aller der gerügten Untugenden ungeachtet, der gesetzgebende Gott unserer Väter (…) es gleichwohl möglich gefunden, diesen rohen Haufen zu einer ordentlichen, blühenden Nation umzubilden, die erha-

---

156 Vgl. Benz, Wolfgang (2007: 15).
157 Vgl. Quṭb, Sayyid (1999: 328).

bene Gesetze und Verfassung, weise Regenten, Feldherren, Richter und glückliche Bürger aufzuweisen hat".[158]

An dieser Stelle können wir ein Zwischen-Fazit ziehen: Die untersuchte Form des Antisemitismus wurzelt nicht im Islam selber, sondern ist gänzlich ein Produkt unserer Zeit – deshalb auch meine Benennung als islamisch *verbrämter* Antisemitismus. Folglich ist er auch wieder behebbar.

Dies wird deutlich, wenn man aktuell die Situation der Juden auf dem Balkan betrachtet. Während in Kroatien, Serbien und Griechenland antisemitische Literatur den Büchermarkt überschwemmt, während Synagogen wie jene in Dubrovnik wiederholt mit antisemitischen Schmierereien verunstaltet werden, während griechische Tageszeiten ungeniert antisemitische Karikaturen abdrucken, Juden etwa in der Stadt Osijek anonyme Drohbriefe erhalten, serbische Faschisten Todeslisten mit jüdischen Namen online stellen, und Juden in Griechenland angegriffen werden, treten antisemitische Tendenzen in Bosnien und Kosovo am schwächsten auf. Was die Gesellschaft dort von jener des übrigen Balkans wesentlich unterscheidet und prägt, ist, dass sie mehrheitlich muslimisch ist. Daher schreibt Mark Cohen:

Die meisten wissen nichts mehr von den Freundschaften, die Juden im „alten Land" mit den Muslimen pflegten. Sie haben vergessen, dass bis zum 20. Jahrhundert – und in einigen Fällen bis in die 1940er-Jahre hinein – viele Mitglieder der Arabisch sprechenden jüdischen Mittelklasse tief in der arabischen Gesellschaft und Kultur verwurzelt waren, wie ihre

---

158   Mendelsohn, Moses (2005: 11).

mittelalterlichen Vorfahren, die die arabische und islamische Kultur mit ganzem Herzen angenommen hatten: Philosophie, Naturwissenschaft, Medizin, Schriftgelehrsamkeit und Poesie. Diese Vorfahren lebten in keiner interreligiösen Utopie, aber in einem Zeitalter der Koexistenz, das wie ein ferner Spiegel dessen wirkt, was in unserer Gegenwart immer noch möglich wäre.[159]

Der islamisch verbrämte Antisemitismus ist ein Unwesen, dessen wir Muslime uns mittels eines theologischen und geschichtlichen Diskurses entledigen können und müssen, wenn Muslime ihren Idealen noch folgen wollen. Wenn wir uns dagegen nur noch in Abgrenzung zu anderen verstehen können, wenn wir Rachegefühlen erliegen, um uns besser zu fühlen, und wenn wir auf diesem Götzenaltar unsere Ideale und Werte opfern – verlieren wir uns dann nicht selbst?

Wir Muslime in Deutschland werden die Gewaltspirale im Nahen Osten nicht beenden können. Dennoch haben wir hierzulande mit ihren Folgen zu tun in Gestalt des islamisch verbrämten Antisemitismus. Was können Muslime also dagegen unternehmen?

---

159 Cohen, Mark (2012).

Was können Muslime gegen Antisemitismus tun?

„Du dreckiger Jude", ruft ein türkischstämmiger Schüler im Scherz seinem Freund im Bus zu. Eine Szene, die ich in meiner Heimatstadt beobachten konnte. Auf der einen Seite ist es simplifizierend, diesen Jungen als muslimischen Antisemiten einzustufen, denn nur weil jemand türkischstämmig ist, heißt das noch lange nicht, dass er ein Muslim oder überhaupt religiös ist. Auf der anderen Seite stellt sich natürlich die Frage, woher dieser Antisemitismus kommt, den dieser Junge mit sich herumträgt. Hier muss auf ein kulturelles Milieu verwiesen werden, das der islamisch verbrämte Antisemitismus geschaffen hat.

Antisemitische Parolen von Muslimen ausgesprochen – grotesk. Würde man diese Muslime darauf ansprechen, würden sie kontern, sie seien gar keine Antisemiten, schließlich seien ja auch die Araber und damit der Prophet Muhammad Semiten gewesen. Aber das ist Wortspielerei! Dann nennen wir es Judenfeindlichkeit oder Judenhass. Aber wie können wir Muslime eine ganze Menschengruppe, ein ganzes Volk hassen, wenn wir zugleich an die Propheten Isaak (Isḥāq), Jakob (Yaʿqūb), genannt Israel, Josef (Yūsuf), Moses (Mūsā), Aaron (Hārūn), David (Dāwūd), Salomo (Sulaimān), Zachharias (Zakariyya), Johannes den Täufer (Yaḥyā) und Jesus (ʿĪsā) glauben? Judenhass müsste folglich auch Hass auf die hier aufgeführten

Propheten bedeuten, die gleichermaßen Hebräer, Israeliten und Juden waren. In der Regel versuchen antisemitisch eingestellte Muslime dann die Flucht nach vorn anzutreten, indem sie das Jüdischsein dieser Propheten verleugnen, da diese doch im *Qur'ān* als Muslime bezeichnet werden. Doch Muslimsein ist keine Abstammung, es ist eine Handlung: *sich aktiv Gott zu ergeben, um Frieden zu erfahren und Frieden zu machen*. Das hebt aber ihr Jüdischsein nicht auf. Auch der Gesandte Gottes Muhammad war Muslim, blieb aber zugleich seiner Abstammung nach ein Araber. Gerade hieran erkennt man zweierlei: Es reicht nicht aus, den islamisch verbrämten Antisemitismus lediglich zu dekonstruieren. Und: Vielen Muslimen fehlen grundsätzliche Kenntnisse über das Judentum, die Begegnung mit Juden, eine theologische Bewertung von Judenfeindlichkeit und eine differenzierte Sicht auf den Nahost-Konflikt. Hier muss eine innermuslimische Aufklärung ansetzen. Der folgende Teil dient dazu, im islamischen Religionsunterricht, in den Moscheegemeinden, muslimischen Jugendvereinen und den muslimischen Verbänden eingebracht zu werden, er ist aber auch von allgemein interreligiösem Interesse.

Das Volk Israel

Im *Qur'ān* wird zwischen dem Volk Israel (eigentlich *Söhne Israels, banū Isrā'īl*) und den Juden (*al-yahūd*) streng unterschieden. Warum? Dies wissen leider heute nur noch die wenigsten Muslime. Aber diese Unterscheidung fände sich nicht in der Offenbarung, wenn sie nicht wichtig wäre. Muslime müssten demnach eigentlich Grundkenntnisse über die Geschichte des Volkes Israels vermittelt bekommen. Ähnlich wie viele Kirchengemeinden Seminare anbieten – wie etwa *Islam für Christen* oder *Der Koran für Christen* –, wäre es wünschenswert, wenn auch Muslime sich zunehmend besonders für jene Religionsgemeinschaften interessieren würden, von denen die eigene Offenbarung handelt und mit denen man zusammenlebt. Und am besten tut man dies, indem man Vertreter dieser Religionsgemeinschaft, einen Rabbi, einen Priester oder Pfarrer einlädt, damit die jeweilige Religion so dargestellt wird, wie sie von ihren Gläubigen selbst verstanden wird.

In ihren Anfangstagen waren die Hebräer[160], die zurückgehen auf Isaak, einen der beiden Söhne Abrahams, ein umherziehender Nomadenclan im Kulturland Kanaan, was heute dem Gebiet Palästinas entspricht. Zwischen dem 15./14. Jahrhundert bis zum 13. Jahrhundert v. Chr. begannen die Hebräer sich schrittweise in Kanaan niederzulassen. Es war eine Übergangszeit vom Nomadentum zur Sesshaftigkeit.[161]

Die Hebräer erhielten den Beinamen *Söhne Israels*, weil Jakob, der Sohn Isaaks, sich diesen Namen erworben hatte. Israel bedeutet *der mit Gott ringende*. Sehr schnell wurde deutlich, dieses Volk unterscheidet sich von seiner polytheistischen Umgebung, denn es beruft sich auf einen Bund

---

160 Ursprünglich wohl eine verächtliche Fremdbezeichnung in Kanaan, die die niedrige soziale Stufe der Eingewanderten zum Ausdruck brachte und schon auf Abraham angewendet wurde.

161 Vgl. Clauss, Manfred (1999: 11); Fohrer, Georg (1988: 38); Trepp, Leo (2004: 28).

mit Gott. Nicht irgendeinem Gott, sondern dem *einen und einzigen* Gott. Das Bekenntnis zum Monotheismus war das einzigartige Urbekenntnis der Hebräer, doch teils durch die polytheistische Umwelt, teils durch die Stammesmentalität beeinflusst, wich es der Monolatrie. Monolatrie bedeutet, dass Gott lediglich als Gott des eigenen Volkes oder Stammes angesehen wird, was jedoch nicht die Existenz anderer Götter in anderen Völkern oder Stämmen ausschließt, die aber nicht verehrt werden dürfen.

Nicht alle Gruppen nomadischer Israeliten ließen sich in Palästina nieder. Um einer verheerenden Hungersnot zu entgehen, wanderten einige Stämme oder vielleicht – wie es ägyptische Grenzbeamte festgehalten haben – auch Gruppen aus allen Stämmen nach Ägypten aus, wo sie bald schon in Knechtschaft gerieten, um Fronarbeiten zu verrichten. Diese Israeliten fanden in Moses ihren Retter, der sie im Namen des Gottes JHWH[162] aus Ägypten führte. Diese Gruppe, die als die Moseschar bezeichnet wird, bestehend aus Mitgliedern aller zwölf israelitischen Stämme, wurde auf dem Gottesberg in der midianitischen Wüste als Gemeinde konstituiert und es wurde ihr ein Mitanrecht an dem Kulturland in Kanaan gegeben. Schließlich wäre die Flucht aus Ägypten sinnlos gewesen, wenn die bereits in Kanaan angesiedelten Israeliten es ihnen verweigert hätten, sich dort wieder niederzulassen. Mit dem Anspruch auf Land zog die Moseschar dann in Kanaan ein, wo sie allem Anschein nach ihr Recht geltend machen konnte und unter den Israeliten aufging.[163]

---

162 Jahweh ist eine mögliche Aussprache des Tetragrammaton JHWH.
     Von vielen Juden wird der Name Gottes nie ausgesprochen.

Die Gottesvorstellung in den Patriarchensippen wie auch innerhalb der Moseschar erstreckte sich von einem minoritären und strikten Jahwe-allein-Glauben bis hin zu Monolatrie und Polytheismus. Erst zwischen dem sechsten und siebten Jahrhundert v. Chr. vermochte es die Jahwe-allein-Bewegung, sich endgültig im Volk Israels durchzusetzen. Spuren dieses Ringens finden sich in der Thora:

> Als sich die Menschen über die Erde hin zu vermehren begannen und ihnen Töchter geboren wurden, sahen die Gottessöhne, wie schön die Menschentöchter waren, und sie nahmen sich von ihnen Frauen wie es ihnen gefiel. (…) In jenen Tagen gab es auf der Erde die Riesen, und auch später noch, nachdem sich die Gottessöhne mit den Menschentöchtern eingelassen und diese ihnen Kinder geboren hatten. Das sind die Helden der Vorzeit, die berühmten Männer. (Genesis 6,1–4)

> Als der Höchste (den Göttern) die Völker übergab, / als er die Menschheit aufteilte, / legte er die Gebiete der Völker / nach der Zahl der Götter fest; der Herr nahm sich sein Volk als Anteil, / Jakob wurde sein Erbland. (Deuteronomium 32,8–9)

> Höre Jisrael! Der Ewige, unser Gott, ist ein einziges, ewiges Wesen. Du sollst den Ewigen, deinen Gott, lieben von ganzem Herzen, ganzer Seele und ganzem Vermögen. Die Worte, die ich dir jetzt befehle, sollen dir stets im Herzen bleiben. Du sollst sie deinen Kindern einschärfen und immer davon reden, wenn du zu Hause sitzt oder auf Reisen bist, wenn du dich niederlegst und wenn du aufstehst. Binde sie zum Zeichen an deine Hand. Trage sie als Stirnband zwischen deinen Augen

---

163 Vgl. Fohrer, Georg (1988: 39–42) u. Trepp, Leo (2004: 28).

und schreibe sie auf die Pfosten deines Hauses und an deine Tore. (Deuteronomium 6,4–9)

Deuteronomium 6,4 stellt das Bekenntnis der Israeliten und heutigen Juden dar (Schma Jisrael), das sie im täglichen Morgen- und Abendgebet sprechen. Die eigentliche Sünde im Judentum ist der Abfall von Gott.

Die monotheistischen Israeliten sahen sich – geprägt durch ihr polytheistisches Umfeld – in einer besonderen Beziehung zu Gott. Im eigenen Verständnis bilden sie eine Gemeinschaft mit Ihm. Als Volk, das seine Existenz einem theozentrischen Bund verdankt, sahen sich die Israeliten als Volk Gottes und damit als erwählt an. Auch im *Qur'ān* heißt es:

O ihr Kinder Israels! Gedenkt Meiner Gnade, mit der Ich euch begnadete, und dass Ich euch vor aller Welt bevorzugte. (2:47)

Der Islamwissenschaftler Tariq Ramadan schreibt über diesen Vers, dass das israelische Volk Träger der göttlichen Botschaft war und verpflichtet, sie dem Rest der Menschheit durch vorbildliches Verhalten und Dienst an den Menschen zu lehren. Die Auserwählung Israels ist daher in einem moralischen Sinne zu verstehen.[164] Der Erwählungsgedanke stellt also keinen religiösen Chauvinismus dar und darf von Nichtjuden und Juden auch nicht als solcher verstanden werden. Der Theologe Georg Fohrer erläutert ihn folgendermaßen:

---

164 Vgl. Ramadan, Tariq (2017: 63).

Es wäre abwegig und falsch, den Erwählungsglauben als Ausdruck nationaler Anmaßung und Überheblichkeit zu be- oder verurteilen und dem Judentum die Ansicht zu unterstellen, es besitze von sich aus besondere Vorzüge gegenüber den anderen Völkern und sei somit das „auserwählte Volk". Die „Erwählung" besteht vielmehr darin, dass es mit Gott in einem besonderen Lebensverhältnis steht und dass es darum mit einer besonderen Aufgabe betraut ist: die ihm in der Tora auferlegten Pflichten selbst auszuüben und die anderen Völker darüber zu belehren.[165]

Rabbi Samson Hochfeld (gest. 1921) erläutert den oft missverstanden Status des Volkes Israel wie folgt:

Der Gedanke der Auserwählung Israels, der auf den ersten Blick der Lehre von der sittlichen Gleichwertung aller Menschen zu widerstreiten scheint, ordnet sich ihr bei näherer Betrachtung vielmehr unter: Israel hat – das ist der tiefste Sinn seiner Begnadung durch Gott – die Aufgabe, beispielgebend auf die übrige Menschheit einzuwirken; es soll sein ethisches Gut nicht für sich selbst behalten, sondern allen Völkern mitteilen, auf dass sie aufsteigen zu immer höherer Gesittung.[166]

Unter der Herrschaft von Salamons Sohn Rehabeam (gest. 915) kommt es aufgrund gesellschaftlicher Missstände zur Krise und Spaltung. Zehn Stämme Israels brechen mit dem König und gründen im Norden des Landes ihr neues Königreich Israel. Nur zwei Stämme bleiben dem Königshaus treu, der Stamm Juda (Jehuda) und der Stamm Benjamin. Beide Königreiche, Israel und Juda, erleben eine

---

165 Fohrer, Georg (1979: 21).
166 Küng, Hans u. Homolka, Walter (o. J.: 68).

wechselvolle Geschichte, bis die Assyrer 927 v. Chr. Israel zerschlagen. Die zehn Stämme werden in alle Winde zerstreut oder gehen unter. Damit bleibt nur noch Juda erhalten. Seine Abkömmlinge, so Trepp, nennt man fortan *Juden*.[167]

Als Volk und Religionsgemeinschaft zugleich sind die Juden eine Abstammungsgemeinschaft, da man als Jude geboren wird, sofern die Mutter jüdisch ist.[168] Doch das Judentum ist auch eine Wahlgemeinschaft, d. h. durch Konversion kann ein Nicht-Jude der jüdischen Religion beitreten.

Der Glaube an den einen Gott, der Bund mit Ihm und das Erahnen der eigenen Besonderheit in einem polytheistischen Umfeld bewirkte bei den Hebräern eine geistige Revolution, die sich in allen Facetten ihres Lebens widerspiegelt:

(1) Dieser Glaube befreite und bewahrte sie vor einer Weltanschauung, in welcher der Mensch der Willkür von Göttern, Halbgöttern, Gottmenschen, Magie und Aberglauben ausgesetzt ist. Juden sind freie Menschen, indem sie frei durch und unter Gott sind. Dieser Gott ist kein willkürlicher Gott, sondern dem Volk Israel wohl gesonnen. Die theozentrische, also vertikale Beziehung zu Gott basiert auf dem Prinzip von Ursache und Wirkung. Anders ausgedrückt, die Handlungen bestimmten das Verhältnis zu Gott. Deutlich berichtet hiervon das Richterbuch:

---

167 Vgl. Trepp, Leo (2004: 30).

168 Dies war aber nicht immer so, noch im ersten Jahrhundert wurde größeren Wert auf den jüdischen Vater gelegt. Heiratete eine Jüdin einen Nichtjuden, dann galten die Kinder als nichtjüdisch. Erst nach der Zerstörung des Tempels 70 n. Chr. hat sich das matrilineare Prinzip im Judentum durchgesetzt. Vgl. Stemberger, Günter (1995: 11).

Die Israeliten taten, was dem Herrn missfiel, und dienten den Baalen. Sie verließen den Herrn, den Gott ihrer Väter, der sie aus Ägypten herausgeführt hatte, und liefen anderen Göttern nach, den Göttern der Völker, die rings um sie wohnten. Sie warfen sich vor ihnen nieder und erzürnten dadurch den Herrn. Als sie den Herrn verließen und dem Baal und den Astarten dienten, entbrannte der Zorn des Herrn gegen Israel. Er gab sie in die Gewalt von Räubern, die sie ausplünderten, und lieferte sie der Gewalt ihrer Feinde ringsum aus, so dass sie ihren Feinden keinen Widerstand mehr leisten konnten. Sooft sie auch in den Krieg zogen, war die Hand des Herrn gegen sie, und sie hatten kein Glück, wie der Herr gesagt und ihnen geschworen hatte. So gerieten sie in große Not. (Richterbuch 2,11–15)

(2) Da alle Hebräer im gleichen Maß in Gemeinschaft mit Gott stehen, sind sie eine Gesellschaft der Gleichen. Jede Form von Mittlern wird abgelehnt, ob im Sinne einer niedrigeren Gottheit, eines Engel- oder Heiligenkultes oder einer elitären Klasse von Geistlichen, die einen gesonderten Zugang zu Gott besitzt.[169] Damit verwehren sich die Juden einer Herrschaft von Menschen über Menschen, gleich in welcher Form. Machtausübung ist nur dann legitim, wenn sie innerhalb des Bundes ausgeübt wird. Wiederum lässt sich sagen, die Juden sind ein Volk der Freien, frei durch und unter Gott.

Mit dieser Geisteshaltung waren die Israeliten in Kanaan einzigartig. In einem Umfeld, in dem sie als einziges Volk den Monotheismus vertraten, war die abgrenzende Dialektik *Auserwähltes Volk Gottes versus Polytheisten* schlüssig. Auch mit dem Auftreten des Christentums und der baldigen

---

169   Vgl. Fohrer, Georg (1979: 19).

Etablierung der Trinitätslehre änderte sich nichts hieran. Der Monotheismus des Judentums erlaubt keine Aufspaltung Gottes in eine Mehrheit von Personen, die mit einer gewissen Unabhängigkeit voneinander ausgestattet sind. So schreibt Fohrer:

> Das Judentum hat darum in der Trinitätslehre stets ein Abweichen vom reinen Eingottglauben erblickt und erblicken müssen, denn in der Behauptung der Einzigkeit Gottes sah es zugleich dessen völlige Einheit und Undifferenzierbarkeit ausgedrückt.[170]

Erst mit dem Auftreten des Islam, der den gleichen Monotheismus wie das Judentum vertritt, mussten Juden diese Dialektik überdenken. Stemberger merkt an:

> Doch weiß die Bibel von einem Bund Gottes mit Noach, der zwischen Gott „und allen Wesen aus Fleisch auf der Erde" gilt (Gen 9). Von hier werden die (meist als sieben gezählten) „noachidischen Gebote" abgeleitet: Verboten sind Götzendienst, Gotteslästerung, Unzucht, Mord, Raub und der Genuss eines Gliedes eines noch lebenden Tiers; geboten ist die Einrichtung einer Rechtsordnung. Wer sich an diese Grundregeln hält, gilt nicht als „Götzendiener", sondern als „Frommer der Weltvölker", der seinen Platz in der göttlichen Weltordnung hat, auch wenn er nicht zum Judentum übertritt. Anhänger des Islam hat man von Anfang an dieser Kategorie zugeordnet; Christen hat man (vor allem wegen des Glaubens an die göttliche Trinität) erst im Laufe des Mittelalters und auch dann nicht einhellig diesen Status zuerkannt (…).[171]

---

170 Fohrer, Georg (1979: 17).
171 Stemberger, Günter (1995: 21–22).

Überhaupt entwickelten Juden eine ganz besondere Hochachtung vor dem Islam, dem Propheten Muhammad und dem *Qur'ān*. Rabbi Magonet schreibt:

> Wenn man nur den Glauben betrachtet, haben die beiden Religionen [Judentum und Islam] sehr viel mehr gemeinsam als jede von ihnen mit dem Christentum. Das Judentum hat kein Problem damit, den Islam als eine „Tochterreligion" anzuerkennen, aber in ihrer gegenwärtigen Beziehung sind sie ständige Geiseln der Politik.[172]

Eine extreme Minderheitenmeinung im Judentum wird durch den jemenitischen jüdischen Philosophen Nethanel ibn Fayyumi (gest. ca. 1164) vertreten, der Muhammad als Propheten und den *Qur'ān* als Offenbarung akzeptiert:

> Da Gott den Propheten Offenbarung sandte vor der Thora, wird nichts ihn davon abhalten, auch danach Propheten Offenbarungen zu senden, damit die Welt nicht ohne Religion bleibt. So kam die Offenbarung zu Mohammed, ganz speziell für die arabischen Völker.[173]

Diese Haltung findet auch in unseren Tagen einen Widerhall. Im babylonischen Talmud heißt es im Traktat zum Sabbat (88b), dass jedes Wort, das Gott sprach, in 70 Sprachen aufbrach. Die Schule des Rabbi Ismael lehrte, dass gleich einem Hammer, der auf einen Felsen geschlagen wird und in alle Richtungen fliegende Funken verursacht, sich gleichermaßen das Wort Gottes in 70 Sprachen aufteilte. Basierend auf diesem Text plädierte daher Rabbi Jose Rolando

---

172 Magonet, Jonathan (2003: 58).
173 Magonet, Jonathan (2000: 117).

Matalon auf der dritten Konferenz für religiösen Dialog in Doha/Katar 2005 für einen Paradigmenwechsel innerhalb der abrahamischen Religionen, der anerkennt:[174]

- dass Gott zu jeder Nation gesprochen hat,
- dass jede Nation einen ihr eigenen Zugang zu Gott besitzt,
- dass Gott universal ist, während Religionen partikulär sind,
- dass kein Mensch in der Lage ist, die Wahrheit gänzlich zu erkennen, sondern wir alle besitzen nur Fragmente der Wahrheit,
- dass Gott größer ist als jeder partikuläre Religionsritus und
- dass keine Religion Gott fassen und Ihn in ihre engen Grenzen einsperren kann.

Rabbi Allen S. Maller schreibt in diesem Geiste:

> Ich (…) glaube nicht an den Koran, verwerfe ihn aber auch nicht. Glaubte ich an den Koran, würde ich der Ummah (Gemeinschaft) angehören. Ich kann jedoch den Koran nicht ablehnen, denn ich respektiere ihn als Offenbarung für ein verwandtes Volk in einer verwandten Sprache. Dieses Volk, seine Sprache und Theologie sind meinem Volk, meiner Sprache und Theologie näher als jedem anderen. (…) Als liberaler reformorientierter Rabbiner glaube ich, dass Mohammed der Prophet ist, der zu den Arabern geschickt wurde. Ich glaube, dass der Koran für die Muslime genauso wahr ist wie die Tora für die Juden.[175]

---

174 Vgl. Matalon, Jose Rolando (2005).
175 Maller, Allen S. (2013).

Auch Yakov M. Rabkin und Hinda Rabkin schreiben in diesem Sinne:

> Des Weiteren nimmt der Koran in der jüdischen Praxis offensichtlich einen Status von Heiligkeit an. Dies könnte darauf zurückzuführen sein, dass eine hebräische Version des Korans in einer mittelalterlichen Geniza (Aufbewahrungsstätte für heilige Schriften), deren Entsorgung das jüdische Gesetz verbietet, gefunden wurde. Zudem berichten einige (in Kairo entdeckte) jemenitisch-jüdische Dokumente, dass zahlreiche Juden nicht nur Mohammed als Propheten anerkannten, aber sogar davon berichteten, dass sie den Sabbat entweiht hatten, um mit Mohammed gemeinsam gegen die Ungläubigen (im Jihad) zu kämpfen. Dieses Dokument mit dem Titel Dhimmat an-nabi Muhammad (Mohammeds Schutzerlass) wurde offensichtlich von jemenitischen Juden zwecks Selbstschutzes fabriziert. Dies kam in den ersten Jahrhunderten des Islam öfters vor. Die Absicht der Autoren steht mit anderen jüdischen Quellen in Verbindung, die Muhammed als einen Propheten Gottes ansehen, der zu anderen Völkern als den Juden entsendet wurde.[176]

Rabbi Leo Baeck hat den Propheten Muhammad wie folgt gewürdigt:

> Mohammed war einer der eigensten und der kühnsten Menschen, die es je gegeben hat, ein Mann von einer Kraft des Glaubens, welche, wie er selber einmal sagte, Berge versetzen kann, einer Kraft des Glaubens an sich und an seine Aufgabe ohnegleichen. (…) Was trennt Islam und Judentum? Es ist weniges. (…) Für Juden ist Mohammed nicht der letzte und ent-

---

176 Rabkin, Yakov M; Rabkin, Hinda (2009).

scheidende der Propheten, er hat sich nie Messias genannt, sondern nur Prophet, aber der Glaube an den einen Gott eint, und der Islam hat auch das Gebot aufgenommen: er fordert Wohltun. Er hat auch eines gebracht, was die Kirche nie so hatte, die wahre Demokratie. Im Islam, wo der Islam gilt, dort gibt es keine Standesunterschiede, dort ist einer wie der andere, einer neben den anderen gestellt. (…) Er hat die Kultur dort, wohin er drang, gehoben. Und auch das eint mit dem Judentum. So ist es begreiflich, dass im Mittelalter Juden und Mohammedaner, einander gebend und voneinander empfangend, nebeneinander friedlich im Bewusstsein einer Zusammengehörigkeit gelebt haben.[177]

Die für Muslime sicherlich schwer nachvollziehbare Verquickung von Abstammung und Religion bezeugt der männliche Jude auch mit dem Akt der Beschneidung (*brit mila*). Gemäß der Thora heißt es:

Ich werde meinen Bund zwischen mir und dir [Abraham] und deinem Samen nach dir für ihre künftigen Geschlechter zu einem ewigen Bund machen, um nämlich dein und nach dir deines Samens Gott zu sein. Dir und deinem Samen nach dir werde ich das Land deines Aufenthaltes, das ganze Land Kanaan, zum ewigen Besitz geben, und ich werde ihr Gott sein. Gott sprach ferner zu Abraham: „Auch du musst aber meinen Bund halten, du und dein Same nach dir für ihre künftigen Geschlechter. Dies ist der Bund zwischen mir und dir und deinem Samen nach dir, den ihr halten sollt: Ihr müsst alles beschneiden, was männlich ist. Beschneidet eure Vorhaut. Dies soll das Bundeszeichen sein zwischen mir und euch. Alles Männliche bei euren Nachkommen soll, wenn es acht Tage alt ist, be-

---

177 Baeck, Leo (2002: 486–487).

schnitten werden, ein hausgeborenes Kind oder eines von einem Fremden für Geld gekauft, das nicht von deinem Samen ist. Beschnitten muss werden, was in deinem Haus geboren wurde und was du mit Geld gekauft hast, damit mein Bund an eurem Fleisch ein ewiger Bund sei.

Ein unbeschnittener Mann aber, welcher das Fleisch seiner Vorhaut nicht beschneiden wird, dieselbe Person soll ausgerottet werden aus ihrem Volk. Sie hat meinen Bund zerstört." (Genesis 17,7–14)

Die Beschneidung nimmt einen dermaßen hohen Stellenwert im Judentum ein, dass einige Rabbiner die Position vertraten, dass Himmel und Erde nicht ohne das Blut des Bundes existieren würden.

Volk, Glaube und Land, auf dieser Dreiheit basiert das Judentum. Dies bedeutet konsequenterweise, dass ein Jude nur dann vollwertiges Mitglied des Bundesvolkes ist, wenn er im Land Kanaan lebt. Wann immer Juden gezwungen waren, das Land zu verlassen, so lebte doch immer in ihnen die Hoffnung und die Sehnsucht, wieder dorthin zurückzukehren – eine Hoffnung übrigens, die heute auch die Palästinenser haben.[178] Der Tanach kleidet diese Sehnsucht mit den Worten:

Dann bauen sie die uralten Trümmerstätten wieder auf / und richten die Ruinen ihrer Vorfahren wieder her. Die verödeten Städte erbauen sie neu, / die Ruinen vergangener Generationen. (Jesaja 61,4)

---

178 Vgl. Nazzal, Salim (2008).

Doch diese Sehnsucht darf von niemandem politisch instrumentalisiert werden und sie ist erst recht nicht Grundlage der israelischen Regierungspolitik und der Siedlungsbewegung, denn die Goldene Regel in der Thora lautet:

> Darum sollt ihr auch die Fremdlinge lieben; denn ihr seid auch Fremdlinge gewesen in Ägyptenland.
> (Deuteronomium 10,19)

Gottes Willen und die Lebensordnung für Sein Volk offenbaren sich in der Thora. Sie lehrt den Juden, wie er als Mitglied dieser auserwählten Gemeinschaft sein Leben unter Gott zu führen hat. In Psalm 15 heißt es:

> Herr, wer darf Gast sein in deinem Zelt, / wer darf weilen auf deinem heiligen Berg?
> Der makellos lebt und das Rechte tut; / der von Herzen die Wahrheit sagt / und mit seiner Zunge nicht verleumdet; der seinem Freund nichts Böses antut / und seine Nächsten nicht schmäht; der den Verworfenen verachtet, / doch alle, die den Herrn fürchten, in Ehren hält; der sein Versprechen nicht ändert, / das er seinem Nächsten geschworen hat; der sein Geld nicht auf Wucher ausleiht und nicht zum Nachteil des Schuldlosen Bestechung annimmt. Wer sich danach richtet, / der wird niemals wanken.

Die Thora ist Grundlage der Halacha, des jüdischen Rechts, auf dem das Judentum seine Gesellschaft und Kultur aufbaute.[179] Das rechte Gesamtverhalten des Menschen stellt für den Juden Gerechtigkeit dar. Gerechtigkeit ist für einen

---

179 Für die Bedeutung der Halacha im jüdischen Leben siehe: 2. Makkabäer 7,1–41.

Juden kein abstrakter Begriff, sondern ein Verhaltensbegriff. Etwas, das durch Tun erreicht werden kann. So heißt es in der Thora:

> Der Gerechtigkeit, der Gerechtigkeit sollst du nachtrachten. (Deuteronomium 16,20)

Wer sind die Juden?

Was ist also das Judentum? Zuallererst: es ist kein Monolith. Es gibt nicht „das" Judentum, ebenso wenig wie es „den" Islam gibt. Auch „die" Juden gibt es nicht, so wie es auch nicht „die" Muslime gibt.

Ein signifikanter Unterschied zwischen dem Christentum und dem Islam auf der einen Seite und dem Judentum auf der anderen ist die Tatsache, dass das Judentum, als Nachfahre des Volkes Israels, ursprünglich eine Volksreligion war und sich zu einer Wahlgemeinschaft weiterentwickelte. Küng schreibt über das Rätsel des Judentums:

– Ein Staat und doch keiner! Warum nicht? Weil seit dem Babylonischen Exil (586 v. Chr.) ein Großteil und seit dem zweiten Jahrhundert n. Chr. bis heute sogar der weitaus größere Teil der Juden außerhalb des „Heiligen Landes" lebt (…).
– Ein Volk und doch keines! Warum nicht? Weil dieses Volk wie kein anderes eine internationale Größe ist. Zahllose Juden fühlen sich politisch und kulturell als Amerikaner, Engländer, Franzosen, auch Deutsche und keinesfalls als „Auslandsisraelis".

- Eine Rasse und doch keine! Warum nicht? Weil schon seit spätrömischer Zeit Menschen aus allen möglichen Stämmen und Völkern durch Heirat oder Konversion Juden geworden sind (…).
- Eine Sprachgemeinschaft und doch keine! Warum nicht? Weil das Judentum weder eine allen gemeinsame Kultur noch eine allen gemeinsame Sprache kennt; viele Juden können kein Hebräisch oder Jiddisch.
- Eine Religionsgemeinschaft und doch keine! Warum nicht? Weil nicht wenige Juden – auch in Israel nicht an Gott glauben und behaupten, ihr Judentum hätte mit Religion nichts zu tun; andere sind zwar religiös, lehnen aber die Beachtung der Halacha, des jüdischen Religionsgesetzes, für sich ab.[180]

Rabbi Leo Trepp betonte gleichermaßen, dass die heutigen Juden keinen gemeinsamen ethnischen Ursprung besitzen:

Unzählige Bestandteile verschiedenster Rassen lassen sich unter ihnen nachweisen. Es gibt weiße, schwarze und asiatische Juden. Vom frühsten Beginn der jüdischen Geschichte an hat es einen unaufhörlichen Zustrom mannigfaltiger rassischer Gruppen gegeben. Etliche große Führungspersönlichkeiten der Judenheit, sogar schon in der frühesten Zeit, etwa David, Israels größter König, haben nichtjüdische Ahnen. Diese Vermischung von Rassen hat sich bis heute fortgesetzt und schreitet immer noch weiter.[181]

---

180 Küng, Hans (1991: 45).
181 Trepp, Leo (2004: 16).

Aber was ist dann das Judentum? Vielleicht liegt die Antwort in der jüdischen Geschichte, die deutlich macht, dass das Judentum eine theozentrische Erfahrungs- und Schicksalsgemeinschaft all jener ist, die ihre Abstammung – ob ethnisch, kulturell oder religiös – auf Jakob, genannt Israel, zurückführen. Im Tanach werden die Juden als eine Hausgemeinschaft, genauer als *Haus Israel* (bet Jisrael) bezeichnet. In seiner Erläuterung dieses Begriffs gibt Trepp zugleich Einblick, was es bedeutet Jude zu sein und zu dieser Hausgemeinschaft zu gehören:

In einer Hausgemeinschaft bildet sich eine nur ihr eigentümliche Atmosphäre heraus. Sie entsteht durch die Liebe ihrer Angehörigen zueinander, durch die ihnen gemeinsame Überlieferung, die jeden einzelnen von ihnen prägte, durch die Erfahrungen, die sie gemeinsam machten und noch machen werden. Der Geist dieser Atmosphäre umgreift nicht nur alle, die innerhalb der Familienwohnstatt leben, sondern auch jene, die es in die Fremde verschlug, nicht nur die, die in das Heim hineingeboren wurden, sondern auch jene, die sich erst später der Gemeinschaft anschlossen. Jede Familie bringt auf eine bestimmte, allen ihren Mitgliedern gemeinsame Art diesen Geist in Sitten und Bräuchen zum Ausdruck. Und sogar jene unter den Familienangehörigen, die diese Ausdrucksform ablehnen, haben Teil an dem spezifischen Familiengeist, an der Liebe, ja selbst an den Konflikten der Familie und bleiben einander durch ein Gefühl der Verwandtschaft, die nichts mit einem politischen Zusammenschluss zu tun hat, verbunden. So beschaffen ist das Haus Israel: geformt durch seine Geschichte, seine Hoffnungen, seine Traditionen, seine Prüfungen und Erfolge in der Vergangenheit und Gegenwart, durch das Füreinandereinstehen seiner Mitglieder und ihre Bindung an das gemeinsame Erbe, durch seine schöpferischen Kräfte

und das, was es zu den Errungenschaften der Menschheit bei-
trug, durch alles, was es um seiner selbst und um aller Menschen willen erstrebt.[182]

Ob es sich nun um religiöse oder nichtreligiöse Juden handelt: Gott und das Ringen mit Ihm ist Zentrum und Binde-
kraft des Judentums. Es heißt in der Thora:

> Dann sprach Gott alle diese Worte: Ich bin Jahwe, dein Gott,
> der dich aus Ägypten geführt hat, aus dem Sklavenhaus. Du
> sollst neben mir keine anderen Götter haben. Du sollst dir kein
> Gottesbild machen und keine Darstellung von irgendetwas am
> Himmel droben, auf der Erde unten oder im Wasser unter der
> Erde. Du sollst dich nicht vor anderen Göttern niederwerfen
> und dich nicht verpflichten, ihnen zu dienen. Denn ich, der
> Herr, dein Gott, bin ein eifersüchtiger Gott (…). (Exodus
> 20,1–5)

Jude zu sein kann also beides bedeuten: sich zu einem Volk
zugehörig zu fühlen, aber nicht unbedingt religiös zu sein.
Man kann Jude und zugleich Atheist sein. Oder man kann
Jude und zugleich Muslim sein, wie es der Fall bei einem
der bedeutendsten muslimischen Gelehrten des 20. Jahrhunderts war, Muhammad Asad (geboren als Leopold
Weiss). Zugleich kann man ein religiöser Jude sein und dennoch einem anderen Volk angehören, da man zum Judentum
konvertiert ist. Was bedeutet es also, wenn Gott im *Qur'ān*
jüdische Propheten Muslime nennt? Nichts weiter, als dass
sich diese Menschheitslehrer aktiv Gott hingegeben haben,
um Frieden zu finden und Frieden zu machen. Deshalb wer-

---

182 Ebda. (16–17).

den die Propheten ausnahmslos im *Qur'ān* mit einer Selbstverständlichkeit als Muslime bezeichnet – im Sinne der ursprünglichen Wortbedeutung und nicht als Ausdruck der historischen Gemeinde, die sich im siebten Jahrhundert auf der arabischen Halbinsel manifestierte. Wir stellen fest: Beim Islam handelt es sich um eine Einstellung und Handlung des Menschen gegenüber Gott. Dies ändert nichts an der Zugehörigkeit dieser Propheten zum jüdischen Volk.

Wie können wir Muslime also einen blinden kollektiven Hass gegen das Judentum in unseren Reihen dulden? Kann Hass gegen irgendeine Menschengruppe überhaupt zulässig sein?

Hass gegen Menschengruppen ist die Tradition des Iblis

Gruppenspezifischer Hass ist nichts anderes als eine Selbsterhöhung des Menschen über andere Menschen. *Qur'ānisch* betrachtet stehen solche Menschen in der Tradition Iblis', des Satans im Islam, der einen kollektiven Menschenhass entwickelte, indem er dem Menschen jegliche von Gott verliehene transzendente Würde abstreitet:

> Er [Gott] sprach: „Was hinderte dich, dich [vor Adam] niederzuwerfen, als Ich es dir befahl?"
> Er [Iblis] sagte: „Ich bin besser als er. Du hast mich aus Feuer erschaffen, ihn aber erschufst Du aus Ton."
> Er sprach: „Weg und hinab mit dir! Es geziemt dir nicht, hier hochmütig zu sein. Darum hinaus mit dir, siehe, du bist einer der Gedemütigten."

Er sagte: „Gib mir eine Frist bis zum Tag der Auferstehung."
Er sprach: „Fürwahr, die Frist ist dir gewährt."
Er sagte: „Wie Du mich in die Irre gehen ließest, werde ich ihnen auf Deinem geraden Weg auflauern. Dann will ich von vorn und von hinten, von ihrer Rechten und von ihrer Linken über sie kommen und Du wirst die Mehrzahl von ihnen undankbar finden."
Er sprach: „Weg von hier, verachtet und verstoßen! Wahrlich, wer von ihnen dir folgt, mit euch allesamt fülle Ich die Hölle!" (7:12–18)

Das Böse geschieht nicht einfach so, sondern es wird gemacht, man entscheidet sich bewusst dafür, es zu tun. Die Natur des Bösen ist die eigene Überhöhung. Iblis glaubt, er sei besser, womit er zugleich die Würde des Menschen herabsetzt. In diesem Hochmut und in dieser Verachtung liegt die Wurzel des Bösen. Judenfeindliche Parolen wie *Nur ein toter Jude ist ein guter Jude* stehen gänzlich in der Tradition des Iblis und entgegen der transzendenten und unverletzlichen, da von Gott verliehenen, Menschenwürde.

Kollektivhass und Kollektivbestrafungen gegen andere Gruppen gehören nicht zum Wesen des Islam. Aiman Mazyek, Vorsitzender des Zentralrats der Muslime, äußerte 2014: „Wer Judenhass predigt oder Antisemitismus meint im Zuge des Gaza-Krieges verbreiten zu müssen, bewegt sich außerhalb unserer Gemeinden!"[183] Ergänzen kann man, dass solche Menschen sich außerhalb der islamischen Ethik und in den Fußstapfen Iblis' bewegen. Zahlreiche Postings in den sozialen Netzwerken verdeutlichen, dass bei man-

---

183 Vgl. Reformierter Bund in Deutschland (2014).

chen Muslimen das Feindbild Jude dermaßen tief sitzt, dass sie sogar bewusst die islamische Offenbarung und das Prophetenwort ignorieren, wenn sie auf ihre schiefen Ansichten angesprochen werden. Wie schändlich und unislamisch sind ausgesprochene Drohungen gegen jüdische Einrichtungen und gar Synagogen, wenn diese sogar durch das Gotteswort unter Schutz stehen:

> (…) Und wenn Gott nicht die einen Menschen durch die anderen abgewehrt hätte, so wären fürwahr Mönchsklausen, Kirchen, Synagogen und Moscheen zerstört worden, in denen Gottes Name häufig genannt wird. – Und Gott wird ganz gewiss denjenigen helfen, die Ihm helfen. Gott ist wahrlich stark und allmächtig. (22:40)

Hass, Verzweiflung und Ohnmachtsgefühle, die jeder Muslim, eigentlich jeder Mensch, hinsichtlich der verheerenden Lage der Palästinenser empathisch nachvollziehen kann, dürfen nicht dazu führen, dass wir uns auf ein menschenverachtendes Niveau herablassen, das nicht mehr dem Muslimsein entspricht; denn dann verlieren wir Muslime nur uns selber.

Wer als Muslim das Wort *Jude* als Schimpfwort verwendet, der verhält sich genauso wie jene Islamophoben, die das Wort *Muslim* als Schimpfnamen aussprechen.

Wer Juden abwertet, der wertet auch die jüdische Ehefrau des Propheten Muhammad, Safiyya bint Huyayy (gest. ca. 670), ab, die wie alle Ehefrauen des Propheten den Ehrentitel *Mutter der Gläubigen* (*umm al-muminīn*) trägt.

Wer an Verschwörungstheorien über Juden mitstrickt, der handelt nicht anders als jene Islamophoben, die von einer Islamisierung des Abendlandes durch eine globale muslimische Verschwörung reden.

Wer Juden für die Politik des Staates Israels verantwortlich macht, der unterscheidet sich nicht von jenen, die Muslime für den Terror des IS und der Al-Qaida verantwortlich machen.

Wer Anschläge auf Synagogen begeht oder gutheißt, der handelt nicht anders als jene Islamophoben, die Anschläge auf Moscheen begehen.

Wer eine Synagoge angreift, der greift letztendlich Gott an und gilt bei Ihm als ein Verworfener (2:114).

Wer nicht selbst bereit ist zu differenzieren, aber von Nichtmuslimen verlangt, hinsichtlich des Islam zu differenzieren, der handelt heuchlerisch.

Juden und Muslime eint mehr als sie trennt: gemeinsam glauben wir an den einen und einzigen Gott, gemeinsam gehören wir zur abrahamischen Gemeinschaft, gemeinsam bemühen wir uns täglich um ein rechtschaffenes Leben vor Gott, in dem Wissen, dass wir eines Tages vor Ihm Rechenschaft ablegen müssen. Juden und Muslime sind keine Fremden und waren es vor dem Nahost-Konflikt auch nicht. *Juden und Muslime sind Geschwister.*

Trotz des Konfliktes mit drei von fünf jüdischen Stämmen zur Zeit des Propheten Muhammad, wertete dieser niemals die Juden wegen ihres Jüdischseins ab. In einem Prophetenwort wird berichtet:

Dschabir berichtete: Eine Totenbahre wurde an uns vorbeigetragen. Da stand der Prophet ihretwegen auf, und wir standen [ebenfalls] auf. Wir sagten: „Gottes Gesandter, es ist die Bahre eines Juden." Er entgegnete: „Wenn ihr eine Totenbahre seht, steht auf." (Al-Buḫārī Nr. 1311)[184]

Durch diese Geste lehrte der Prophet: Solange ein Mensch sich in erster Linie durch eine Gruppenzugehörigkeit und erst in zweiter Linie durch sein Menschsein definiert, solange bleibt nicht nur derjenige, der nicht zur eigenen Gruppe gehört, ein Fremder, sondern der Mensch bleibt auch sich selber ein Fremder. Erkennt der Mensch sich aber zunächst einfach als Mensch, dann sieht er auch im Anderen seinen Mitmenschen, der nicht anders ist als er selber. Nur die Glaubensvorstellungen, die Denkmuster, die Normen und Sprachen sind verschieden. Durch dieses Erlebnis erfährt der Mensch, was Menschlichkeit bedeutet. Er entdeckt den *einen* Menschen.[185] Und dies ist nicht nur Theorie.

Als Muslime Juden vor den Nationalsozialisten retteten

Was gerade jungen Muslimen heute ganz besonders fehlt sind positive Rollenvorbilder, gerade in der jüdisch-muslimischen Begegnung, die auch das pauschale Klischee vom muslimischen Antisemiten durchbrechen. Erinnert werden soll daher an dieser Stelle an Muslime, die während der Herrschaft der Nationalsozialisten Juden zur Flucht verhal-

---

184 Denffer, Ahmad von (o. J.: 146).
185 Vgl. Funk, Rainer (2007: 25).

fen, weil sie in ihnen Mitmenschen und abrahamische Geschwister sahen.

In der albanischen Hauptstadt Tirana half die muslimische Bevölkerung, Juden vor den Nationalsozialisten zu verstecken. Man gab ihnen muslimische Namen und unterwies sie im Islam, sodass sie nicht als Juden erkannt wurden. Albanische Muslime in der Verwaltung beschafften derweil gefälschte Papiere, sodass Juden in die ländlichen Gebiete fliehen konnten.[186]

Bahrije Borici, deren Vater 1943 eine jüdische Familie aufnahm und versteckte, weiß zu berichten, welchen Gefahren man sich damit aussetzte. Die Nationalsozialisten hatten die Bevölkerung ausdrücklich gewarnt, wer Juden verstecke, werde getötet.[187]

Ebenso erzählen Nedred, Beqir und Luljeta Kazazi, dass ihre Eltern 1943 die Solomon Familie für sechs Monate bei sich versteckten. Jeder in der Nachbarschaft habe davon gewusst, doch niemand habe es den Nazis verraten.[188]

Enver Sheker weiß noch, wie sein Vater Nationalsozialisten in seinem Lebensmittelgeschäft mit Essen und Wein bewirtete, um so einem jüdischen Gefangenen in ihrem Transporter zur Flucht zu verhelfen. Als die Nationalsozialisten bemerkten, dass ihr Gefangener geflohen war, waren sie außer sich. Ali Sheker stritt jede Beteiligung ab, dennoch nahmen die Deutschen ihn mit, stellten ihn im Dorf gegen eine Wand und drohten ihn zu erschießen, wenn er ihnen

---

186 Vgl. Khan, Zubair Zafar (2016: 62).
187 Vgl. ebda. (63).
188 Vgl. ebda.

nicht den Aufenthaltsort des Juden nenne. Vier Mal hätten sie ihm die Pistole an den Kopf gesetzt und gedroht, dass gesamte Dorf niederzubrennen, doch Sheker beteuerte weiterhin seine Unschuld. Schließlich ließen die Nazis von ihm ab und verließen das Dorf. Im Wald fand Sheker dann den Flüchtling, der den Namen Youshua Baruchowic trug und versteckte ihn bis zum Ende des Krieges zwei Jahre in seinem Haus. Nach Enver Sheker war sein Vater ein praktizierender Muslim. Er glaubte daran, dass die Rettung eines Lebens mit dem Paradies belohnt wird.[189]

Die österreichische Jüdin Scarlett Epstein, die in Albanien während des Krieges Zuflucht suchte, erinnert sich, dass sie mit einer Gruppe von 50 Juden aus Deutschland, Polen und Österreich gemeinsam ein Haus in Albanien bewohnte. Man lebte direkt neben einer Polizeistation. Alle diese Polizisten, so Epstein, seien Muslime gewesen. Als das Touristenvisum auslief, machte man sich Sorgen, man würde den Behörden überstellt werden, doch nichts dergleichen geschah. Die Albaner wollten sie niemals herauswerfen, „weil sie Muslime waren"[190], so Epstein.

Während der nationalsozialistischen Besatzung Frankreichs machte der iranische Konsul von Paris Abdol Hossein Sardari (gest. 1981) seine Position und seinen Einfluss geltend, um so viele Juden in Frankreich wie nur möglich zu retten. Er ließ sowohl für Iraner als auch für Juden Pässe und Reisedokumente erstellen. Gegen Kriegsende

---

189 Vgl. ebda. (68).
190 Ebda. (64).

hatte er auf diese Weise rund 2000 Juden zur Flucht ver-
holfen.[191]

Der Gründer und Imam der Großen Pariser Moschee Si
Kaddour Benghabrit (gest. 1954) wiederum erstellte Zerti-
fikate, die Juden als Muslime ausgaben. Mit seiner Hilfe
konnten so zwischen 500 und 1600 Juden aus Frankreich
fliehen.[192]

Differenziert auf den Nahostkonflikt schauen

Der Nahost-Konflikt ist heute mehr denn je ein gordischer
Knoten, der scheinbar nicht mehr zu lösen ist. Unzählige
Seile haben sich unüberschaubar im Laufe der Zeit miteinander verknotet. Eines aber ist deutlich: es ist kein Konflikt
zwischen Juden und Muslimen.

Der Nahost-Konflikt ist ein *territorialer Konflikt*, bei
dem unterschiedliche Akteure auf palästinensischer und israelischer Seite unterschiedliche Grenzvorstellungen haben. Bereits heute, Tag für Tag, ist dieser Grenzverlauf in
Bewegung. Die jüdische Siedlungsbewegung treibt zulas-
ten des palästinensischen Volkes die Grenzlinie vor sich her,
unterstützt von einer nahezu erschreckend kontinuierlichen
israelischen Regierungspolitik, gleich welche Partei an der
Macht ist. Um welches Land und um welchen Grenzverlauf
wird also gestritten? Etwa um ein muslimisches Palästina
ohne den Staat Israel, wie es das Ziel der Terrororganisation

---

191 Vgl. ebda. (64–65).
192 Vgl. ebda. (65).

HAMAS ist? Oder um das biblische Land Israel (Eretz Israel) ohne einen palästinensischen Staat, wie es das Ziel der Siedlungsbewegung ist? Um einen säkularen israelischen Nationalstaat in den Grenzen von 1967 und einen säkularen palästinensischen Nationalstaat, der den Gazastreifen, die Westbank und Ostjerusalem umfasst? Oder geht es um das Nebeneinander eines jüdischen und eines muslimischen Staates in gänzlich neugezogenen Grenzen? Ist nach der Machtübernahme der HAMAS im Juni 2007 im Gazastreifen überhaupt noch ein einziger palästinensischer Staat ein realistisches Unterfangen oder zeichnet sich durch die de facto Zweiteilung des palästinensischen Gebietes möglicherweise das Entstehen zweier palästinensischer Staaten ab, eines islamisch-ideologischen und eines säkular-nationalistischen? Geht es überhaupt noch, realpolitisch betrachtet, um eine Zwei-Staaten-Lösung oder bewegen wir uns auf eine Ein-Staaten-Lösung zu? Bereits heute ist die Westbank durch israelische Siedlungen dermaßen zersplittert, dass ein zusammenhängendes palästinensisches Staatsgebiet nur noch durch die Räumung der Siedlungen möglich wäre. Es erscheint jedoch wenig wahrscheinlich, dass die Siedler diese Gebiete freiwillig und gewaltlos aufgeben werden. Noch unwahrscheinlicher ist, dass sich die israelische Gesellschaft innenpolitisch diesen Konflikt aufbürden wird, zumal die Räumung des Gazastreifens 2005 gezeigt hat, dass dies Terrororganisationen wie die HAMAS nicht zur Umkehr bewegt. Man feuerte weiterhin Raketen auf israelisches Gebiet und provozierte damit den Gazakrieg 2008. Aber auch der Siedlungsbau wird in der heute mehrheitlich nationalreligiös eingestellten israelischen Bevölkerung als nichts Verwerfliches mehr angesehen. Es wird argumentiert, wo kein souveräner palästinensischer Staat, da auch keine Besetzung fremden Territoriums.[193] Man spricht auch nicht von der Westbank, sondern von Judäa und Samaria, um einen unverrückbaren religiösen Besitzanspruch an das gesamte Land zum Ausdruck zu bringen.

Wenn die Zwei-Staaten-Lösung tot ist und Israel sich langfristig zum Ziel setzt, die Westbank zu annektieren, dann wird der Konflikt zwischen jüdischen Israelis und den Palästinensern eine neue Form annehmen. Israel würde dann Gefahr laufen, zu einem Apartheidstaat zu werden, wie der damalige US-Außenminister Kerry 2015 äußerte,[194] der zwischen Arabern und Juden, also zwischen arabischen Christen und arabischen Muslimen auf der einen Seite und Juden auf der anderen Seite unterscheidet. Schließlich kann Israel nur so aufgrund der demographischen Entwicklung der Palästinenser seinen jüdischen Charakter und seine jüdische Selbstbestimmung beibehalten und verhindern, dass die arabische Minderheit von heute die Mehrheit von morgen darstellt.[195] Der Artikel *Jerusalem, the capital of apartheid, awaits the uprising* von Gideon Levy, erschienen in der israelischen Zeitung *Haaretz*, unterstellt der israelischen Bevölkerung bereits jetzt eine tief verankerte Überzeugung, dass vor allem Muslime, aber auch Christen in Israel Bürger zweiter Klasse seien. Israel würde dann weiterhin jüdisch geprägt sein, jedoch nicht mehr demokra-

---

193 Vgl. Cohn, Arthur (2013).
194 Vgl. Spiegel Online (2015).
195 Vgl. Nusseibh, Sari (2009: 392–393).

tisch, denn ein demokratischer Staat setzt religiöse und ethnische Neutralität voraus. Für einen arabischen Christen und einen arabischen Muslim ist es nicht möglich, ein christlicher oder ein muslimischer Jude zu werden. Unterschlagen wird jedoch von Levy zweierlei. Zwar gibt es tatsächlich in Israel ein Diskriminierungsproblem gegenüber Arabern, aber nach der israelischen Unabhängigkeitserklärung und den Gesetzen sind arabische Israelis gleichberechtigte Staatsbürger. Sie besitzen damit umfassendere Bürgerrechte als Palästinenser in den umliegenden arabischen Staaten und können somit ihre Bürgerrechte in Israel rechtlich einklagen. Zum anderen ist in Israel im Gegensatz zu seinen Nachbarländern die Religionsfreiheit institutionell gewährleistet, sodass sogar verfolgte Religionsgemeinschaften wie etwa die Bahai im jüdischen Staat einen Zufluchtsort gefunden haben. Auch apolitische muslimische Missionsbewegungen wie der Tabligh Jamaat dürfen ohne Behinderung in Israel zum Islam einladen und in der Stadt Lod sogar ein Zentrum errichten.[196] Wiederholte Umfragen unter arabischen Israelis haben immer wieder gezeigt, dass sie auch bei Gründung eines palästinensischen Staates nicht bereit wären Israel zu verlassen, da sie weiterhin in einem demokratischen Staat mit hohen Lebensstandard leben wollen. Die weitere Entwicklung der Stadt Jerusalem wird zeigen, in welche Richtung sich der israelische Staat entwickelt. Wird Jerusalem langfristig international als die Hauptstadt Israels anerkannt, so stellt sich die Frage, was mit seinen 323.700 palästinensischen Einwohnern in Ost-

---

196 Vgl. Abrahamson, Rebecca (2015).

jerusalem geschieht. Diese leben „seit Jahrzehnten in ihrer eigenen Stadt im Status von Einwanderern mit Aufenthaltsgenehmigung. Versagt man ihnen permanent Bürgerrechte in einem separaten palästinensischen Staat, könnten sie auf die Idee kommen, den Kampf für gleiche Rechte in einem gemeinsamen Staat mit den Israelis aufzunehmen. Es würde auf lange Sicht das Ende des zionistischen Traums von jüdischer Souveränität bedeuten. (…) Jerusalem ist der Ort, an dem sich entscheiden wird, ob die Ein-Staaten-Realität die Hoffnung auf zwei Staaten für zwei Völker ersetzen wird"[197], so der Journalist Jörg Lau.

Verbunden hiermit stellt sich die Frage, wer denn überhaupt die Akteure dieses Konfliktes sind. Wer streitet da? Sind es Muslime und Juden? Araber beziehungsweise Palästinenser und Israelis? Säkulare Nationalisten oder religiöse Ideologen? Oder ist es eine ehemalige, immer noch zutiefst traumatisierte Flüchtlingsgesellschaft, die auf eine durch sie mitverursachte andere Flüchtlingsgesellschaft trifft?

Der Nahost-Konflikt ist auch ein *ökonomischer Konflikt,* bei dem es um Ressourcenknappheit und die Aneignung fremder Ressourcen geht. Der Gazastreifen, die Westbank wie auch Israel verzeichnen ein enorm hohes Bevölkerungswachstum. Beide Seiten sind mit knappem Wohnraum und einem Erschöpfen der vorhandenen landwirtschaftlichen Nutzflächen konfrontiert. Diese Lage fördert die Gründung israelischer Siedlungen in der Westbank wie auch früher im Gazastreifen und somit die Enteignung der

---

197 Lau, Jörg (2017: 2).

Palästinenser. Dies wiederum schränkt die Siedlungsfläche und landwirtschaftliche Nutzfläche der Palästinenser in dem ihnen verbliebenen Land weiter ein. Zudem wird durch die Bevölkerungsentwicklung die kostbare Ressource Wasser für alle Konfliktparteien immer knapper. Schon heute ist der israelische Staat existenziell auf das Grundwasser der Westbank angewiesen, während die dort lebende arabische Bevölkerung bereits unter einer unregelmäßigen Wasserversorgung leidet.[198]

Längst ist der Gazastreifen auch zu einem Testgebiet neuester Waffen des israelischen Militärs geworden, insbesondere der Drohnen, die hierdurch in Werbematerialien als kampferprobt („*combat proven*") angepriesen werden können, was auf dem internationalen Markt für bessere Verkaufszahlen sorgt.[199] So haben sich die israelischen Militärexporte durch diesen Umstand in den letzten zehn Jahren verdreifacht, was Israel 2014 zum viertgrößten Waffenexporteur der Welt machte.[200]

Ebenso ist der Nahost-Konflikt ein *ideologischer Konflikt*, der die beiden Religionen, den Islam und das Judentum, in ihrer gegenwärtigen geschichtlichen Realisierung im Nahen Osten verändert hat. Im Zentrum sowohl des ideologisierten Islam der HAMAS als auch der Ideologie des Zionismus steht das Prinzip der Raumbeherrschung. Beide Ideologien setzen sich über die einstige religiös begründete Lebenspraxis der friedlichen Koexistenz von

---

198 Vgl. Vierweger, Dieter (2011: 48–50).

199 Vgl. Feldman, Yotam (2012) u. Spiegel Online (2014).

200 Vgl. Spiegel Online (2014).

Juden und Muslimen in Palästina hinweg und nehmen die jeweils andere Seite nur noch als Feindbild wahr.

Das Feindbild eint die eigene Seite, presst alles in ein Freund-Feind-Schema, rechtfertigt das Hinwegsetzen über die eigenen religiös begründeten ethischen Werte und Rechtsauffassungen und mobilisiert für die Auslöschung des Feindes, gleichgültig ob es sich dabei um Kombattanten oder Nicht-Kombattanten handelt.[201] Die Ermordung dreier israelischer Jugendlicher aus der Siedlungsbewegung und die anschließende Verbrennung eines palästinensischen Jugendlichen bei lebendigem Leib im Sommer 2014 brachte überdeutlich zum Ausdruck, dass für die Extremisten auf beiden Seiten die Vernichtung der Lebensgrundlage der Gegenseite, des Nachwuchses, der einzige Weg ist, um diesen Konflikt ein für alle Mal zu lösen.

Hier berühren sich also zwei Extreme, zwei Ideologien, die zugunsten ihres Idols, des Landes, die universale Botschaft der Thora und des *Qur'ān* hinter sich gelassen haben, zugunsten des Primats der Raumbeherrschung und einer damit verbundenen pragmatischen Politik, die alles rechtfertigt, um das angestrebte Ziel zu erreichen.

Und schließlich ist der Nahost-Konflikt ein *regionaler Konflikt*, da nur zwei arabische Staaten, Ägypten und Jordanien, Israel anerkennen. Darüber hinaus gesteht bisher auch nur eine verschwindend geringe Minderheit muslimischer Staaten (die Türkei, Tadschikistan, die Turkstaaten und der Senegal) Israel das Existenzrecht zu, während der Iran offen mit der Auslöschung Israels droht.

---

201 Vgl. Murtaza, Muhammad Sameer (2010).

Dieser Umstand könnte sich mit der Gründung eines palästinensischen Staates und Wiedergutmachungsleistungen seitens Israels ändern. Bereits 2002 und abermals 2006 hatte Saudi-Arabien im Namen von 22 arabischen Staaten Israel den Vorschlag unterbreitet, dass sie Israel anerkennen würden, wenn im Gegenzug die Gründung eines palästinensischen Staates in Gaza und Westbank mitsamt Ostjerusalem in den Grenzen von 1967 zugelassen wird.[202] Die saudische Friedensinitiative wurde seitens Israels abgelehnt. Dennoch bleibt sie ein wichtiges Signal auch an die arabische und muslimische Welt, dass eben diese Länder ihre Grundeinstellung zu Israel ändern müssen. Israel ist eine Tatsache und Israel wird bleiben. Der Staat Israel hat ein Existenzrecht und seinem Bedürfnis nach einem Leben in sicheren Grenzen muss entsprochen werden. Das Verhältnis zwischen Israel und der arabischen Staatenwelt muss sich also normalisieren.

Gelöst werden muss auch der Konflikt zwischen Israel und Syrien um die von Israel besetzten Golanhöhen und das Ostufer des Sees Genezareth, wodurch der syrische Zugriff auf das Wasser des Sees verhindert wird.[203]

Die Gemengelage dieses Konfliktes verdeutlicht, dass er auf keinen Fall simplifiziert und reduziert werden darf auf einen Konflikt zwischen Muslimen und Juden. Zugleich berührt er aber Juden und Muslime.

Die palästinensische Gesellschaft befindet sich nun seit 50 Jahren in einem Besatzungszustand. Die dritte Genera-

---

202 Vgl. Kooperation für den Frieden (2010: 10 u. 12).

203 Vgl. Vierweger, Dieter (2011: 47).

tion Besatzungssoldaten steht der dritten Generation von Besetzten gegenüber. Die Menschen im Gazastreifen und in der Westbank kennen nichts anderes als die Besatzung, als Enteignung, Krieg und Blockade. Es darf dabei nicht vergessen werden, dass Israelis und Palästinenser keine ebenbürtigen Verhandlungspartner sind. „Israels Regierung könnte durch die Ankündigung eines Rückzugs zu den Grenzen von 1967 und damit der Aufgabe der illegalen Besatzung des Westjordanlands und des Gazastreifens dem Konflikt nahezu von heute auf morgen unilateral ein Ende setzen. Auch wenn es weiterhin palästinensische Stimmen gibt, die sich mit der Existenz Israels nicht abfinden, so befinden sich diese inzwischen in der Minderheit. Die Mehrheit der Palästinenser ist bereit, einen palästinensischen Staat in den Grenzen von 1967 Seite an Seite mit dem Staat Israel zu akzeptieren"[204], meint zumindest Jakob Rieken von der Friedrich-Ebert-Stiftung in Ost-Jerusalem.

Dass es sich dabei nicht nur um Wunschdenken handelt, zeigte sich im Januar 2011. Damals machte die palästinensische Autonomiebehörde dem israelischen Verhandlungspartner folgendes Angebot:[205]

- Akzeptanz aller israelischen Siedlungen in Ost-Jerusalem mit Ausnahme von Har Choma,
- Begrenzung des Rückkehrrechts der Palästinenser auf 100 000 Personen,

---

204 Rieken, Jakob (2013).
205 Vgl. Richter, Steffen (2011).

- Aufgabe des Tempelberges, der fortan unter internationale Aufsicht gestellt werden soll,
- Abtretung großer Teile Jerusalems an Israel.

Auch dieses Angebot wurde abgelehnt.

Im gleichen Geiste wie Rieken schreibt der jüdische Friedensaktivist Marc Ellis, dass das Elend der Palästinenser ein Prüfstein für die jüdischen Werte sei. Die Gründung des Staates Israels verbunden mit dem Unrecht, dass der palästinensischen Bevölkerung zugefügt wurde, habe den Bund Israels mit Gott zerstört. Er könne nur wiederhergestellt werden, indem den Palästinensern Gerechtigkeit im Zuge einer Versöhnung zwischen ihnen und den Israelis widerfahre:

Wenn jemand glaubt, wie ich es tue, dass der konkrete Akt der Solidarität mit dem palästinensischen Volk – was unter anderem das sofortige Ende der Besatzung, die Errichtung eines palästinensischen Staates neben Israel und eine Buße für vergangene und gegenwärtige Verstöße gegen das palästinensische Volk mit einschließt – nicht bloß eine Sache politischer Zweckdienlichkeit, sondern ein notwendiges Element des modernen jüdischen Glaubens ist, dann ist eine ausdrückliche theologische Stellungnahme zum miteinander verwobenen Schicksal von Juden und Palästinensern von absoluter Wichtigkeit.[206]

Zugleich ist aber auch Israel ein Prüfstein für die islamischen Werte. Es braucht auf muslimischer Seite eine Verurteilung jeder Form von Terrorismus gegen den Staat Israel

---

206 Magonet, Jonathan (2003: 284–285).

und seine Bürger, insbesondere der Selbstmordattentate, ohne entschuldigendes Wenn und Aber. Der Sozialwissenschaftler Sohail Hashmi schreibt:

> Der Verweis auf einen Ausnahmezustand oder eine militärische Notwendigkeit öffnet allen denkbaren Willküraktionen Tür und Tor. Ich meine deshalb, dass Muslime unter allen Umständen an die grundsätzlichen und unveräußerlichen Beschränkungen gebunden sind, die ihnen das islamische Kriegsrecht auferlegt, und dass diese nicht zugunsten eigennütziger Erwägungen verändert werden dürfen. (…) Selbstmordattentate stellen aus meiner Sicht eine klare Verletzung dieser Regeln dar. (…) Wenn man einmal anfängt, überall Ausnahmen zu machen, gerät das ganze Gebäude ins Wanken. Man zerstört im Grunde die Idee, dass es im Krieg auch Grenzen gibt. Damit beschreitet man einen sehr gefährlichen Weg.[207]

Die Gründung des Staates Israel wird für Israelis und Palästinenser stets eine Geschichte aus zwei Perspektiven sein. Für Juden bedeutet Israel einen sicheren Hafen nach einer jahrhundertelangen Geschichte von Pogromen bis hin zur Shoa in Europa. Für Palästinenser bedeutet der erlittene Verlust der Heimat eine Katastrophe, in Arabisch *Nakba*. Die Vergangenheit ist nicht mehr zu verändern. Aber eine gemeinsame gerechte Zukunft kann geschaffen werden, die vielleicht sogar eines Tages Vergebung auf beiden Seiten möglich macht. In diesem Sinne postete die Rabbinerin Lea Mühlstein auf ihrer Facebook-Seite am 29. November 2017 zum 70-jährigen Bestehen Israels, dass dieser Staat ein mo-

---

207 IslamiQ (2017).

dernes Wunder sei, das die Juden feiern, aber wofür sie auch dankbar sein sollten. Zugleich dürfe aber nicht vergessen werden, dass dieser Tag die Palästinenser erinnere, dass sie noch immer nicht das erreicht haben, was sie sich erhoffen: einen Staat, den sie ihren eigenen nennen können. Diese Hoffnung stünde keinesfalls konträr zum Bekenntnis eines Juden zum Staate Israel. Sie träume davon, dass eines Tages zwei Völker in der Lage sein werden, friedlich nebeneinander zu leben, jedes in seinem Land, jedes in seinem Staat, in dem kleinen Landstrich, der 1947 Palästina genannt wurde.

Sich dem Feindbilddenken verweigern

Was sollen Muslime aber tun, wenn sie schreckliche Bilder von Kinderleichen sehen, die Opfer einer israelischen Bombe wurden? Wir sollten zu keiner Generalanklage gegen das jüdische Volk anstimmen. Was kann ein Deutscher jüdischen Glaubens für die Politik der israelischen Regierung? Also differenzieren wir zunächst einmal, zunächst zwischen Juden und dem israelischen Volk. Letzteres besteht aus Juden und Nicht-Juden (20 Prozent der Israelis sind Araber und Drusen).[208] Ebenso müssen wir zwischen dem israelischen Volk und der jeweiligen israelischen Regierung unterscheiden. Zu ersterem gehören nämlich Gruppen wie die israelische Friedensbewegung. Daher ist es auch falsch, israelische Flaggen zu verbrennen, da dies die

---

208   Vgl. Voigt, Johann (2017).

Ausmerzung eines Staates samt seiner Bevölkerung symbolisiert. Verantwortlich für das Handeln des Staates ist alleine die israelische Administration. Und es ist sie, mit der wir Muslime uns als Friedensaktivisten (Muslim = *derjenige, der sich Gott hingibt, um Frieden zu finden und Frieden zu machen*) kritisch und zugleich fair auseinandersetzen sollten. Rabbi Trepp schreibt:

> Israel verdient, dass man ihm seine Fehler im Geiste verständnisvoller Liebe vorhält und in ihm das Gute und Schöpferische anerkennt.[209]

Wir Muslime in Deutschland sind keine Stellvertreter der HAMAS, des Islamischen Dschihad oder irgendeiner einer anderen palästinensischen Gruppierung. Wir sind nur Teil der *umma*, zu der unsere Glaubensschwestern und Glaubensbrüder in Palästina dazugehören.

Der Nahost-Konflikt hat tiefe Spuren im beiderseitigen Denken hinterlassen. Sowohl aufseiten von Muslimen als auch aufseiten von Juden sind Feindbilder entstanden, die einen Tunnelblick verleihen. Feindbilder eignen sich hervorragend dazu, die komplexe Wirklichkeit zu vereinfachen, um sie somit schlüssig zu machen:

– *Das Feindbild entlastet:* Durch das Stereotyp des international agierenden Judentums kann man diesem alle Schuld zuschieben. Alle unsere Frustrationen lassen sich gefahrlos nach außen auf einen Sündenbock projizieren. Juden werden nicht mehr als Individuen wahrgenom-

---

209 Trepp, Leo (2004: 178).

men, sondern als ein kollektiv handelnder Körper. Ausgeblendet wird dabei, dass auch Juden am Vorgehen der israelischen Regierungen und der Siedlungsbewegung heftige Kritik üben.

- *Das Feindbild eint:* Wir Muslime sind uns zwar in vielem uneins, doch einig sind wir gegen einen äußeren Feind. Ein gemeinsamer Feind stärkt den Zusammenhalt. Das Judentum wird als Kollektiv wahrgenommen und ermöglicht ein Block-Denken.
- *Das Feindbild polarisiert:* Muslime, die ihre Stimmen gegen eine solche Simplifizierung erheben, werden ausgegrenzt. Es gilt das Prinzip Entweder-Oder. Entweder man steht aufseiten der Muslime oder aufseiten der Juden. Feindbilder pressen alles in ein Freund-Feind-Schema. Jedes Vorgehen des Feindes wird an den Pranger gestellt, aber die Methoden der eigenen Seite bleiben frei von jeglicher Kritik, gleichgültig wie verwerflich sie sind wie z. B. die islamwidrigen Selbstmordattentate.
- *Das Feindbild aktiviert:* Wir gehen auf die Straße demonstrieren, versenden Rundmails, gründen Pro-Gaza-Gruppen auf Facebook und machen unserem Zorn Luft – aber was dann? Spätestens zwei oder drei Wochen später nehmen wir unser geregeltes Leben wieder auf, aber die Menschen in Palästina und Israel können dies nicht. Für sie ist jeder Tag Nahost-Konflikt.

Feindbilder abzubauen, dies bedeutet eine enorme Kraftanstrengung von Muslimen und Juden:

(1) Beide Seiten müssen sich von dem vorherrschenden, unseligen Kollektivdenken befreien. Es gibt nicht „die"

Juden, ebenso wenig wie es „die" Muslime gibt. Das Judentum und der Islam sind keine monolithischen Gebilde.

(2) Beide Seiten müssen das Wir-gegen-Die-Denken aufgeben. Was uns über alle Religionen eint ist unser Menschsein. Jeder Mensch verfügt über eine Würde, die bereits mit seiner Existenz gegeben ist. Sie ist nicht Gegenstand einer Zuerkennung, sondern einer grundlegenden Anerkennung.

Von der Würde des Menschen ausgehend gelangen sowohl das Judentum als auch der Islam zu einer Sozialethik, deren zentrales Ethos die Nächstenliebe ist. So heißt es im Tanach ebenso wie im *Qur'ān*:

Du sollst deinen Nächsten lieben wie dich selbst. (Lev 19,18)

Dies ist es, was Gott Seinen Dienern verheißt, die glauben und das Rechte tun. Sprich: „Ich verlange keinen Lohn von euch. Aber liebt dafür (euere) Nächsten." Wer eine gute Tat begeht, dem werden Wir gewiss noch mehr an Gutem erweisen. Gott ist fürwahr verzeihend und erkenntlich. (42:23)

(…) Tut nicht Unrecht, auf dass ihr nicht Unrecht erleidet. (2:279)

Diese entscheidenden Textstellen machen deutlich: Wer als Jude oder Muslim an Gott glaubt, dem soll es um das Wohl seiner Mitmenschen gehen. Dieses Wohl wird somit in beiden Religionen zu einer Norm für die Beurteilung menschlichen Handelns. Der Universalgelehrte Al-Ghazali (gest. 1111) mahnt: „[D]ass du in all deinen Handlungen mit den Menschen so handelst, wie es dir gefallen würde, dass sie dir gegenüber handelten, denn der Glaube eines Dieners ist nicht vollkommen, bis er allen Menschen das zugesteht, was er auch für sich selber liebt."[210] Und der jüdische Philosoph Mosche Chajim Luzzatto (gest. 1746) schrieb: „Gegenüber den Mitmenschen gilt das Prinzip des umfassenden Wohltuns: tue den Menschen nur Gutes, nie etwas Böses, mit deinem Körper, deinem Vermögen und deinem Gemüt!"[211]

Die Nächstenliebe ist in den prophetisch-semitischen Religionen, im Judentum und im Islam, nichts Abstraktes, sondern stets eine konkrete Handlung, eine praktische Hilfe, aber auch eine Zurechtweisung. Sie manifestiert sich in der Welt nicht durch Reden, sondern durch die Tat! Hierbei ist auffällig: nicht von der Menschenliebe, sondern von der Nächstenliebe ist die Rede. Menschenliebe ist etwas Abstraktes, leicht Empfundenes und leicht Verkündbares, Nächstenliebe dagegen ist ein alltägliches konkretes Handlungsfeld für jeden Gläubigen.

(3) Wir müssen akzeptieren, dass beiden Seiten Leid widerfahren ist und beide Seiten sich Schuld aufgeladen haben. Die Shoah und die Nakba haben Juden wie Palästinenser tief geprägt. Kein Leid ist höher zu bewerten als ein anderes. Nur gegenseitige Versöhnung kann Juden und Muslime wieder einander nahe bringen. Aber Vergebung ist nichts, das man einfordern kann, man kann nur darum bitten.

(4) Beide Seiten sollten sich auf ihren gemeinsamen Ursprung besinnen. Juden und Muslime glauben gemeinsam

---

210 Al-Ġazālī, Abū Ḥāmid (2002: 57).

211 Küng, Hans u. Homolka, Walter (o. J.: 74).

an denselben Gott, den Gott Abrahams, Ismaels, Isaaks und Jakobs. Dieser Glaube befreite sie beide aus der Knechtschaft des Polytheismus und machte sie zu einer Gemeinschaft der Gleichen unter Gott und damit zu freien Menschen. Juden und Muslime bilden jeweils theozentrische Gemeinschaften. Gemeinsam bilden sie eine gemeinsame abrahamitische, gottgläubige Gemeinschaft. Die Sprachen beider Religionen gehören zu dem Zweig der semitischen Sprache. Sie sind beide Zwillinge und Sprachen für das Gebet und den Gottesdienst. Miteinander teilen wir auch ein sehr ähnliches Schriftverständnis. Für Juden und Muslime eröffnen ihre Schriften Denkräume. Nach dem Talmud besitzt jede Bibelstelle 70 Auslegungsmöglichkeiten,[212] während muslimische Gelehrte davon ausgehen, dass der *Qur'ān* viele Bedeutungsaspekte (*wuğūh*) besitzt. Die epistemologische Konsequenz: die Gelehrten lassen verschiedene Interpretationen zu und stellen sie als gleichrangig nebeneinander, ohne eine Hierarchisierung der Deutungen vorzunehmen.[213] Weder das Judentum noch der Islam kennen eine Institution wie den Papst, der eine einzige Exegese zum Dogma erheben kann, um die anderen zu verketzern. Ebenso teilen sich beide die orientalische Bilderwelt, in der sich die Gleichnisse in ihren Offenbarungsschriften ausdrücken.

(5) Beide Seiten sollten sich an die Zeit vor dem Nahost-Konflikt erinnern. Es gab niemals eine „ewige Feindschaft"

---

212 Vgl. Küng, Hans; Lapide, Pinchas (1976: 7–9).

213 Vgl. Bauer, Thomas (2011: 122–123) u. Goldziher, Ignác (2005: 3 u. 84–85).

zwischen Juden und Muslimen, wie Extremisten auf beiden Seiten dies glauben machen wollen. Die Juden sahen seit jeher die Muslime – mit Verweis auf den Bund Noahs – als Fromme unter den Weltvölkern an, die ihren Platz in der göttlichen Weltordnung haben, auch wenn sie keine Juden sind. Die Muslime betrachteten die Juden stets als Leute der Schrift, die unter dem Schutz der Muslime standen. In der Geschichte des Islam haben Juden zehn Jahrhunderte lang unter islamischer Herrschaft gelebt. In dieser Geschichte gab es nichts, was den Verfolgungen und den Pogromen in Europa oder dem Holocaust nahekommt. Im Gegenteil, wer sich in die Geschichte der Juden und der Muslime vertieft, findet eine Geschichte der gegenseitigen intellektuellen Befruchtung vor.

(6) In beiden Religionen ist das Motiv der Gerechtigkeit zentral. Für Juden und Muslime ist *Gerechtigkeit* kein abstrakter Begriff, sondern ein Verhaltensbegriff. Gerechtigkeit ist etwas, dass realistisch durch Tun erreicht werden kann. Dies eröffnet den Weg, völker- und religionsübergreifend nach einem gemeinsamen Ethos zu suchen, um dem Frieden einen Schritt näher zu kommen.

Es gibt kein gerechtes Unterstützen im Ungerechten. Es sollte möglich sein, dass wir gemeinsam, Juden und Muslime, für Frieden und eine Zwei-Staaten-Lösung oder eine gerechte Einstaatenlösung beten und demonstrieren. Dass wir gemeinsam für das Existenzrecht der Palästinenser und der Israelis werben. Dass wir die Stimme erheben für ein Ende des islamisch verbrämten Terrors, aber auch ein Ende der landraubenden jüdischen Siedlungsbewegung. Dass wir gemeinsam ein Ende der Raketenangriffe der HAMAS wie auch der gezielten Tötungen seitens des israelischen Staates fordern. Dies wäre ein Signal des Aufbruches. Dies würde bequeme Feindbilder sprengen. Dies könnte Hoffnung machen, die Tischgemeinschaft zwischen Juden und Muslimen wiederherzustellen.

Nakba und Shoa, Muslimsein und deutsche Staatsräson: Das Andenken eines neuen Narrativs

Das Verbrennen israelischer Flaggen in Deutschland bei Demonstrationen gegen die Jerusalem-Entscheidung des amerikanischen Präsidenten Trump hat das Thema Antisemitismus bei Arabern und Muslimen neu entfacht. Es war nicht das erste Mal und wird nicht das letzte Mal gewesen sein. Leider kommt es in der deutschen Gesellschaft zu keiner wirklichen konstruktiven Diskussion für das Morgen einer pluralen Gesellschaft, es bleibt bei kurzfristiger Erregtheit.

In Deutschland hat man bisher nicht begriffen, dass eine Gesellschaft eine Erzählung braucht, die Zusammenhalt stiftet. Wir können auf ein Narrativ, das Gemeinsinn schafft, nicht verzichten. Menschen sind in ihrem gesellschaftlichen Verhalten oft weniger rational als emotional. Menschen sind Geschichtenerzähler. Geschichten sind das Garn, das ein Wir webt. Wir haben es bisher kläglich versäumt, ein Narrativ eines deutschen Wir zu erzählen, das alle Bürger mitnimmt.

Meine eigene Jugend mag stellvertretend für die Erfahrung vieler hier geborener oder aufgewachsener Mitbürger muslimischen Glaubens angeführt werden. Als Schüler war ich zerrissen. Im Deutsch-, Geschichts- und Sozialkundeunterricht erfuhr ich auf der einen Seite von dem Grauen des Holocaust. Wenn ich aber nach dem Unterricht in die Moschee ging und auf Glaubensbrüder aus Palästina oder dem Libanon traf, hörte ich von dem Leid, das diesen Menschen oder ihren Angehörigen durch den israelischen Staat zugefügt wurde. Man verstehe mich hier bitte nicht falsch: ich stelle auf keinen Fall das Nazi-Regime mit dem israelischen Staat gleich. Mir geht es um die Leiderfahrung und um den Umstand, dass ich mit widerssprüchlichen Gefühlen aufwuchs: Hier die historische Verantwortung als deutscher Staatsbürger, dass sich etwas Ähnliches wie die Shoa nie mehr wiederholen darf, dort das Unrecht, das meinen muslimischen Geschwistern widerfuhr. Es gelang mir nicht, diese beiden Seiten miteinander in Übereinstimmung zu bringen. Vor allem, da im Schulunterricht der Nahost-Konflikt großzügig ausgespart wurde. Es erschien mir so, als wäre der israelische Staat infolge der Shoa so sehr idealisiert und metaphysisch erhöht worden, dass man sich nicht vorstellen wollte, dass Israel letztendlich ein Staat wie jeder andere ist und damit auch fähig, Unrecht zu begehen. Als dann die zweite Intifada im Jahr 2000 ausbrach, politisierte ich mich absolut einseitig für die palästinensische Seite. Hätte ich in der Schule gelernt, den Nahost-Konflikt ausgewogen zu betrachten, wäre dies wohl nicht geschehen. Gerade den Kunstunterricht nutzte ich dafür, meine naiven politischen Überzeugungen kundzutun, was von meinem Lehrer als problematisch eingestuft wurde. Es folgte ein Gespräch mit ihm und einem Kollegen im Lehrerzimmer. So nett es gemeint war, so fatal war es in seinem Inhalt, als beide sinngemäß zugaben, dass sie meinen Protest ja verstehen würden, aber meinten, so etwas könne man eben öffentlich nicht sagen. Damals erschien es mir so, als müsse ich mich entscheiden zwischen der deutschen Staatsräson und meinen muslimischen Geschwistern in Palästina. Es dauerte Jahre, bis ich beides miteinander in Harmonie bringen konnte.

Heute lautet mein Grundsatz: Wer Unrecht widerspruchslos hinnimmt, unterstützt es. Dies nimmt auch mich als deutschen Staatsbürger in die Pflicht. Und in der Wahrnehmung dieser Verantwortung wachsen gerade für einen deutschen Muslim zwei Erinnerungskulturen zusammen, die zuvor so unversöhnbar erschienen.

Die Muslime weltweit nehmen Anteil am Trauma der Nakba, dies darf aber nicht dazu führen, dass Muslime den Konflikt als eine Auseinandersetzung zwischen Islam und Judentum missdeuten oder eine „Israelkritik" betreiben, da solches im Grunde eine Kritik am Existenzrecht Israels selber ist. Was aber kritisiert werden darf, ist das Handeln der israelischen Regierung und der israelischen Besatzungsarmee.

Zugleich können sich deutsche Muslime der deutschen Staatsräson nicht entziehen. Der Holocaust, dem über sechs Millionen Juden zum Opfer fielen, und die Aktion T4, durch die 219.600 Roma, unzählige Zeugen Jehovas, Homosexuelle, psychisch Kranke und schwerbehinderte Menschen ermordet wurden, war ein Angriff auf die Würde aller Menschen. Auch diese Erinnerungskultur verpflichtet deutsche Muslime dazu a) zwischen den Handlungen der israelischen

Regierung und dem Judentum zu differenzieren und b) zu einem ausgewogenen Engagement für den Frieden im Nahen Osten. Das bedeutet: *Existenzrecht für Israel in gesicherten Grenzen und Existenzrecht für die Palästinenser in gesicherten Grenzen* oder *Existenzrecht für Israel in gesicherten Grenzen und volle Bürgerrechte für die Palästinenser in einem demokratischen und säkularen israelischen Staat.*

Beide Erinnerungskulturen kumulieren in der Verpflichtung, dass überall auf dem Globus, wo Menschen es erneut wagen, die Würde ihrer Mitmenschen anzutasten, weil sie das angeblich falsche Geschlecht, die angeblich falsche ethnische Herkunft, den angeblich falschen sozialen Status, die angeblich falsche Religion, Weltanschauung oder sexuelle Orientierung haben, ihre Stimme zu erheben – gemäß Artikel 1 des Grundgesetzes. Dies ist die geschichtliche Kollektivverantwortung, der wir Deutschen auf ewig verpflichtet sind. Die Achtung der Menschenrechte kennt keine Schonung, weder gegenüber Israelis noch gegenüber Palästinensern. Und nur durch ein kompromissloses Eintreten für die Menschenrechte bleiben ihre Anwälte glaubwürdig.

Aber wie unterscheidet man hiervon Antisemitismus, der im Gewand der Kritik an der israelischen Politik daherkommt? Der israelische Autor Natan Sharansky hat zur Unterscheidung zwischen Kritik und israelbezogenem Antisemitismus den sogenannten 3D-Test entwickelt.[214]

Das erste D ist der Test auf *Dämonisierung*. Diese liegt dann vor, wenn Israel als ein Staat dargestellt wird, dessen

---

214 Vgl. Sharansky, Natan (2004).

Ziel es sei, die muslimische Welt zu zerstören. Dämonisierung liegt auch vor, wenn die israelische Politik mit dem Nationalsozialismus gleichgesetzt wird. Gleiches gilt, wenn politische Probleme einzig auf das Judentum unter Ausblendung aller anderen Faktoren zurückgeführt werden.[215]

Das zweite D ist der Test auf *Doppelstandards*. Es muss genau hingesehen werden, ob Kritik an der israelischen Politik selektiv angewendet wird, während das Handeln palästinensischer Terrororganisationen verteidigt oder gar nicht angesprochen wird.[216]

Das dritte D ist der Test auf *Delegitimierung* des israelischen Staates, wenn dieser als Fremdkörper oder westliche Kolonie dargestellt wird, derer sich die arabische Welt entledigen muss.

---

215 Vgl. ebda.
216 Vgl. ebda.

Jeder Epilog ist ein Prolog:
Eine Anregung für ein gemeinsames Zeichen

Ibn Abbas – Gottes Wohlgefallen auf ihm – berichtet: Als der Prophet – Gottes Segen und Frieden auf ihm – nach Medina kam, sah er, dass die Juden am ʿAšūrāʾtag fasteten. Er frage sie: „Warum fastet ihr heute?" Sie erwiderten: „Heute ist für uns ein wichtiger Gedenktag! Es ist der Tag, an dem Gott die Kinder Israels vor ihrem Feind errettete! Deshalb fastete Moses an diesem Tag!" Der Prophet – Gottes Segen und Frieden auf ihm – sagte: „Ich habe ein größeres Anrecht auf Moses als ihr!" Darauf fastete er am ʿAšūrāʾtag und hielt auch die Muslime dazu an. (Al-Buḫārī Nr. 1130)[217]

Zum Ursprung des ʿAšūrāʾfastens gibt es widersprüchliche Überlieferungen. So gibt es in Al-Buḫārī auch ein Prophetenwort, wonach bereits die polytheistischen Araber an diesem Tag fasteten.[218] Nicht immer ist im Islam also alles klar. Aber geben wir dem zitierten Prophetenwort für die weitere Betrachtung den Vorzug. Viele Gelehrte, sowohl Muslime als auch Juden, haben sich mit der Frage auseinandergesetzt, ob der ʿAšūrāʾtag, der am 10. des arabischen Monats Muharram begangen wird, dem jüdischen Versöhnungstag Jom Kippur entspricht, der am 10. des jüdischen Monats Tischri stattfindet. In einer sehr überzeugenden Darstellung

---

217 Ferchl, Dieter (1997: 241).
218 Vgl. ebda. (230).

hat der indische Gelehrte Abul Hasan Ali Hasani Nadwi (gest. 1999) darauf verwiesen, dass es sich beim ʿAšūrāʾtag um das Pessachfest handelt, an dem viele Juden auf gesäuerte Speisen verzichten. Am Abend vor Pessach essen und trinken viele Erstgeborene überhaupt nichts und drücken damit Gott gegenüber ihren Dank aus, dass sie nicht ebenso getötet wurden wie die Erstgeborenen zur Zeit Moses durch den Pharao.[219] Es heißt im Tanach:

> Mose sagte zum Volk: Denkt an diesen Tag, an dem ihr aus Ägypten, dem Sklavenhaus, fortgezogen seid; denn mit starker Hand hat euch der Herr von dort herausgeführt. Nichts Gesäuertes soll man essen. Heute im Monat Abib seid ihr weggezogen. Wenn dich der Herr in das Land der Kanaaniter, Hetiter, Amoriter, Hiwiter und Jebusiter geführt hat – er hat deinen Vätern mit einem Eid zugesichert, dir das Land zu geben, wo Milch und Honig fließen –, begeh' die Feier in diesem Monat! Sieben Tage sollst du ungesäuerte Brote essen, am siebten Tag ist ein Fest zur Ehre des Herrn. Ungesäuerte Brote soll man sieben Tage lang essen. Nichts Gesäuertes soll man bei dir sehen und kein Sauerteig soll in deinem ganzen Gebiet zu finden sein. An diesem Tag erzähl deinem Sohn: Das geschieht für das, was der Herr an mir getan hat, als ich aus Ägypten auszog. Es sei dir ein Zeichen an der Hand und ein Erinnerungsmal an der Stirn, damit das Gesetz des Herrn in deinem Mund sei. Denn mit starker Hand hat dich der Herr aus Ägypten herausgeführt. Halte dich an diese Regel, Jahr für Jahr, zur festgesetzten Zeit! (Exodus 13,3–10)

---

219 Vgl. Nadwi, Abul Hasan Ali (2011).

Im Jahr 2033 werden der ʿAšūrāʾtag auf den 10. April und
der Beginn von Pessach auf den 14. April fallen, die beiden
Feiern also fast zeitgleich stattfinden. 15 Jahre haben somit
die muslimische und die jüdische Gemeinschaft in Deutschland Zeit, gemeinsam und koordiniert gegen den islamisch
verbrämten Antisemitismus vorzugehen, sodass man 2033
gemeinsam ʿAšūrāʾ und Pessach begehen kann. Sie müssen
einfach nur jetzt damit anfangen, sich darauf vorzubereiten.

Literatur

Abrahamson, Rebecca (2015): Giving Voice to Muslims who support Peace: Tablighi Jamaat. Internet: http://www.israelnational-news.com/Articles/Article.aspx/17030 (07.03.2018).

Abu-Amr, Ziad (1993): HAMAS: A Historical and Political Background. In: Journal of Palestine Studies 22 (4): 5-19.

Abu-Amr, Ziad (1994): Islamic Fundamentalism in the West Bank and Gaza. Muslim Brotherhood and Islamic Jihad. o. O.

Adnan, Gunawan (2004): Women and The Glorius Qur'ān: An Analytical Study of Women-Related Verses of Sūra An-Nisa'. Göttingen.

Ahmad, Hisham H. (1994): HAMAS. From Religious Salvation to Political Transformation: The Rise of Hamas in Palestinian Society. Jerusalem.

Ali, Shaukat (2005): Jamal Al-Din Afgani: An Iconolastic Religious Reformer. In: Chaghatai, M. Ikram: Jamāl Al-Din Al-Afghāni. An Apostle of Islamic Resurgence. Lahore: 751–805.

Al-Jazeera (2008): Profile: Khaled Meshaal. Internet: http://www.aljazeera.com/news/middleeast/2008/04/20086150597219693.html (25.12.2017).

Al-Ġazālī, Abū Ḥāmid (2002): O Kind! Braunschweig.

Al-Ghazali, Sa'id (1988): Islamic Movement versus National Liberation. In: Journal of Palestine Studies 17 (2): 176–180.

Al-Nawawi (o. J.): Vierzig Hadīṯe. Kuwait.

Alshech, Eli (2008): Egoistic Martyrdom and Ḥamās' Success in the 2005 Muncipal Elections: A Study of Ḥamās Martyrs' Ethical Wills, Biographies and Eulogies. In: Die Welt des Islam 48: 23–49.

Al Yahya, Eid (2006): Travellers in Arabia. British Explorers in Saudi Arabia. London.

Andrews, Richard (o. J.): Der Spion des Lawrence von Arabien. Auf geheimer Mission für einen jüdischen Staat. Berlin.

Arkoun, Mohammed (1999): Der Islam. Annäherung an eine Religion. Heidelberg.

Asad, Muhammad (2009): Die Botschaft des Koran. Düsseldorf.

Asad, Talal (2007): On Suicide Bombing. New York.

Aslan, Reza (2006): Kein Gott außer Gott. Der Glaube der Muslime von Muhammad bis zur Gegenwart. Bonn.

Avnery, Uri (2011): Die jüdischen Ayatollas. Internet: http://www.zmag.de/artikel/die-juedischen-ayatollas (05.07.2011).

Ayari, Esra (2017): „Antisemitismus betrifft uns alle!" Internet: http://www.islamiq.de/2017/12/12/antisemitismus-betrifft-uns-alle/ (26.12.2017).

Baeck, Leo (o. J.): Das Wesen des Judentums. Wiesbaden.

Baeck, Leo (2002): Werke. Band 5. Nach der Schoa – Warum sind Juden in der Welt? Gütersloh.

Bauer, Thomas (2011): Die Kultur der Ambiguität. Eine andere Geschichte des Islams. Berlin.

Baumgarten, Helga (2006): HAMAS. Der politische Islam in Palästina. München.

Baumöhl, Gila (2012): „Juden und Muslime müssen ihre Feindbilder aufgeben". Internet: http://www.hr-online.de/website/specials/wissen/index.jsp?rubrik=68728&key=standard_document_441 12066 (24.02.2013).

Ben-Chorin, Schalom (1989): Als Gott schwieg. Ein jüdisches Credo. Mainz.

Benz, Wolfgang (2007): Die Protokolle der Weisen von Zion. Die Legende von der jüdischen Weltverschwörung. München.

Bowker, John (2003): Das Oxford-Lexikon der Weltreligionen. Frankfurt am Main.

Chehab, Zaki (2007): Inside HAMAS. The untold Story of Militants, Martyrs and Spies. New York.

Clauss, Manfred (1999): Das alte Israel: Geschichte, Gesellschaft, Kultur. München.

Cohen, Mark R. (2005): Unter Kreuz und Halbmond. Die Juden im Mittelalter. München.

146

Cohen, Mark (2012): Wie Europa den Muslimen die Judenfeind-
schaft brachte.
Internet: http://www.welt.de/debatte/kommentare/
article6072685/Wie-Europa-den-Muslimen-die-
Judenfeindschaft-brachte.html (23.12.2017).

Cohn, Arthur (2013): Der Siedlungsbau ist nicht illegal. Internet:
http://www.cicero.de/siedlungsbau-im-westjordanland-pro-
israels-siedlungsbau/56556 (01.12.2017).

Croitoru, Joseph (2007): Hamas. Der islamische Kampf um Palästina. München.

Denffer, Ahmad von (o. J.): Allahs Gesandter hat gesagt … Islama-
bad.

Dietl, Wilhelm (1984): Heiliger Krieg für Allah. Als Augenzeuge bei
den geheimen Kommandos des Islam. Stuttgart.

Doha Third Conference for Religions Dialogue (2005): Conference
Daily Speeches. Internet: http://www.qatar-conferences.org/
dialogue/english/daily.html (01.11.2011).

El-Awaisi, Abd Al-Fattah Muhammad (1998): The Muslim Brothers
and the Palestine Question 1928–1947. London.

Engineer, Asghar Ali (2011): The Prophet of Non-Violence. Spirit of
Peace, Compassion & Universality in Islam. New Delhi.

Falaturi, Abdoljavad (1992): Toleranz und Friedenstraditionen im
Islam. Köln.

Falaturi, Abdoldjavad (1996): Der Islam im Dialog. Hamburg.

Falaturi, Abdoldjavad (2002): Dialog zwischen Christentum und
Islam. Hamburg.

Feldman, Yotam (2012): Israel hat sich an den Gazakrieg gewöhnt.
Internet: http://www.zeit.de/politik/ausland/2012-11/israel-gaza-
militaer-hamas-angriffe (05.12.2017).

Ferchl, Dieter (1997): Ṣaḥīḥ al-Buḫārī. Nachrichten von Taten und
Aussprüchen des Propheten Muhammad. Stuttgart.

Feroz, Emran (2014): Es gibt sie, die orientalischen Schindlers.
Internet: https://de.qantara.de/inhalt/muslime-retten-juden-im-
zweiten-weltkrieg-es-gibt-sie-die-orientalischen-schindlers
(26.12.2017).

Fohrer, Georg (1979): Glaube und Leben im Judentum. Heidelberg.

Fohrer, Georg (1988): Erzähler und Propheten im Alten Testament.

Geschichte der israelitischen und frühjüdischen Literatur. Wiesbaden.

Funk, Rainer (2007): Erich Fromms kleine Lebensschule. Freiburg.

Gilbert, M. (1991): Churchill. A Life. New York.

Goldziher, Ignác (2005): Die Richtungen der islamischen Koranauslegung. o. O.

Gholamasad, Dawud (2006): Selbstbild und Weltsicht islamistischer Selbstmord-Attentäter. Tödliche Implikationen eines theozentrischen Menschenbildes unter selbstwertbedrohenden Bedingungen. Berlin.

Hintze, Rolf-Henning (2009): Der Zionismus war eine koloniale Bewegung. Internet: https://www.jungewelt.de/loginFailed.php?ref=/2009/12-05/005.php (23.12.2017).

Hofmann, Murad (2006): Das muslimisch-jüdische Verhältnis. Islamische Quellen, gemeinsame Geschichte, gegenwärtige Tendenzen. In: Schmid, Hansjörg; Frede-Wenger, Britta: Neuer Antisemitismus? Eine Herausforderung für den interreligiösen Dialog. Berlin: 67–76.

Hofmann, Murad (2010): Stolpersteine auf dem Weg zum christlich-islamischen Verständnis: Gemeinsam statt einsam. Internet: http://islam.de/17119.php (23.12.2017).

Homolka, Walter (2017): Ein Sehnsuchtsort für alle. Internet: http://www.zeit.de/2017/52/altstadt-jerusalem-heimat-christen-juden-muslime.

Hroub, Khaled (2004): HAMAS after Shaykh Yasin and Rantisi. In: Journal of Palestine Studies XXXIII (4): 21–38.

Hroub, Khaled (2006): A „New HAMAS" Through Its New Documents. In: Journal of Palestine Studies XXXV (4): 6–27.

Hroub, Khaled (2010): HAMAS. Die islamische Bewegung in Palästina. Heidelberg.

Human Rights Council (2010): Bericht der Untersuchungskommission der Vereinten Nationen über den Gaza-Konflikt. Menschenrechte in Palästina und anderen besetzten Gebieten. Neu Isenburg.

Ibn Isḥāq (1999): Das Leben des Propheten. Kandern.

Ibn Kathir (2000): The Signs before the Day of Judgement. London.

IslamiQ (2017): „Gewalteinsatz ist die Ultima Ratio im Islam".

Internet: http://www.islamiq.de/2017/01/08/gewalteinsatz-ist-die-ultima-ratio-im-islam-2/ (14.08.2017).

Kermani, Navid (2016): Wer ist Wir? Deutschland und seine Muslime. München.

Khan, Maulana Wahiduddin (1999): Islam and Peace. New Delhi.

Khan, Maulana Wahiduddin (2002): The True Jihad. The Concepts of Peace, Tolerance and Non-Violence in Islam. New Delhi.

Khan, Maulana Wahiduddin (2009): The Prophet of Peace. Teachings of the Prophet Muhammad. London.

Khan, Zubair Zafar (2016): Some little known but inspiring Examples of Coexistence and Cooperaton between Jews and Muslims. In: Hamdard Islamicus XXXIX (2): 61–92.

Khorchide, Mouhanad (2015): Gott glaubt an den Menschen. Mit dem Islam zu einem neuen Humanismus. Freiburg.

Kiefer, Michael (2011): Mein Feind, der Jude. Internet: http://www.juedische-allgemeine.de/article/view/id/10657 (26.12.2017).

Kiefer, Michael (2012): Antisemitismus unter muslimischen Jugendlichen – Randphänomen oder Problem? Internet: http://www.bpb.de/politik/extremismus/antisemitismus/145728/antisemitismus-unter-muslimischen-jugendlichen-randphaenomen-oder-problem (29.12.2017).

Kiefer, Michael (2017): Der Islam ist nicht pauschal antisemitisch. Internet: http://www.fr.de/kultur/islam-und-antisemitismus-der-islam-ist-nicht-pauschal-antisemitisch-a-1411961 (23.12.2017).

Koch, Werner (1995): Lawrence von Arabien. Leben und Werk in Texten und Bildern. Frankfurt am Main.

Kooperation für Frieden (2010): Der Israel-Palästina-Konflikt. Bonn.

Küng, Hans u. Homolka, Walter (o. J.): Weltethos aus den Quellen des Judentums. Freiburg.

Küng, Hans; Lapide, Pinchas (1976): Jesus im Widerstreit. Ein jüdisch-christlicher Dialog. Stuttgart

Küng, Hans (1978): Christ sein. München.

Küng, Hans (1991): Das Judentum. München.

Küng, Hans; Van Ess, Josef (1994): Christentum und Weltreligionen: Islam. München.

Lau, Jörg (2017): Schaut auf diese Stadt. In: Die ZEIT 52: 2.

Legrain, Jean-François (1997): HAMAS: Legitimate Heir of Palestinian Nationalism? In: Esposito, John L.: Political Islam. Revolution, Radicalism, or Reform? London: 159–178.

Lewis, Bernard (1986): „Treibt sie ins Meer!" Die Geschichte des Antisemitismus. Frankfurt am Main.

Magonet, Jonathan (2000): Abraham – Jesus – Mohammed. Interreligiöser Dialog aus jüdischer Perspektive. Gütersloh.

Magonet, Jonathan (2003): Einführung in das Judentum. Berlin.

Maller, Allen S. (2013): Was ein Rabbi von Mohammed lernen kann. Internet: http://www.hikma-online.com/cms/sites/default/files/HIKMA%207%20Miszelle%201.pdf (29.07.2017).

Matalon, Jose Rolando (2005): Doha Third Conference on Religious Dialogue. Internet: http://www.qatar-conferences.org/dialogue/english/daily.html (26.09.2011).

Mendelsohn, Moses (2005): Jerusalem oder über religiöse Macht und Judentum. Hamburg.

Mete, Ali (2017): Was steht im Koran über Juden – und warum? Internet: http://www.islamiq.de/2017/12/19/was-steht-im-koran-ueber-juden-und-warum/ (26.12.2017).

Müller, Rabeya (2008): Friedenspädagogik im Islam. Vom inneren Frieden zum praktizierten Frieden mit Anderen. In: Kaddor, Lamya: Islamische Erziehungs- und Bildungslehre. Berlin.

Murtaza, Muhammad Sameer (2009): Lawrence von Arabien und die Neugestaltung des Nahen Osten. Norderstedt.

Murtaza, Muhammad Sameer (2010): „Laßt uns die Feindbilder auf beiden Seiten einreißen". Internet: http://islam.de/15933 (05.12.2017).

Murtaza, Muhammad Sameer (2011[a]): Das „Projekt Weltethos" als Vermittler zwischen Juden und Muslimen. Internet: http://islam.de/files/pdf/projekt_weltethos_vermittler.pdf. (24.12.2017).

Murtaza, Muhammad Sameer (2011[b]): Die ägyptische Muslimbruderschaft – Geschichte und Ideologie. Berlin.

Murtaza, Muhammad Sameer (2012[a]): Die Würde des Menschen in Tora und im Qur'an. In: Ökumenische FriedensDekade: Mutig für die Menschenwürde: 10–11.

Murtaza, Muhammad Sameer (2012[b]): Gemeinsames Kernethos von

Judentum und Islam. Was kann das „Projekt Weltethos" zum jüdisch-muslimischen Dialog beitragen? In: Islam – Kultur – Politik (Jan-Feb): 3–4.

Murtaza, Muhammad Sameer (2012[c]): Islamische Philosophie und die Gegenwartsprobleme der Muslime. Reflexionen zu dem Philosophen Jamal Al-Din Al-Afghani. Tübingen.

Murtaza, Muhammad Sameer (2012[d]): Jenseits von Eden. Was die Anschläge von Toulouse bedeuten und vor welche Herausforderungen sie die muslimische Community stellen. Internet: http://islam.de/20027 (24.12.2017).

Murtaza, Muhammad Sameer (2012[e]): Sayyid Qutbs hermeneutische Methoden und Auslegung des Qur'ans am Beispiel der Sure albaqara. In: Karimi, Milad; Khorchide, Mouhanad: Jahrbuch für Islamische Theologie und Religionspädagogik. Freiburg: 39–61.

Murtaza, Muhammad Sameer (2013[a]): Die Fähigkeit zur Selbstkritik am Beispiel des islamisch verbrämten Antisemitismus. Internet: http://islam.de/22132 (26.12.2017).

Murtaza, Muhammad Sameer (2013[b]): Die simple Unterteilung in Gut und Böse. Die Genealogie der HAMAS. Internet: http://www.islamische-zeitung.de/?id=16569 (26.12.2017).

Murtaza, Muhammad Sameer (2014[a]): Der Universalismus in Thora und Qur'an. Internet: http://islam.de/24024 (26.12.2017).

Murtaza, Muhammad Sameer (2014[b]): Was können Muslime gegen Antisemitismus tun? Internet: http://islam.de/23982 (26.12.2017).

Murtaza, Muhammad Sameer (2015): Wir erheben uns. In: Die Zeit 12: 15.

Murtaza, Muhammad Sameer (2016): Islamische Existenzialphilosophie. Muhammad Iqbal nietzscheanisch gelesen. Norderstedt.

Murtaza, Muhammad Sameer (2017): Adam – Henoch – Noah – Ijob: Die frühen Gestalten der Bibel und des Qur'an aus jüdischer und muslimischer Betrachtung. Hamburg.

Nadwi, Abul Hasan Ali (2011): Is the Fast of Ashura similar to Passover or Yom Kippur? Internet: https://muslimmatters.org/2011/12/06/is-the-fast-of-ashura-similar-to-passover-or-yom-kippur/ (01.01.2018).

Nazzal, Salim (2008): When we returned back to Palestine! Internet:

http://www.maannews.com/Content.aspx?id=202393 (29.12.2017).

Nietzsche, Friedrich (2003): Kritische Studienausgabe I: Die Geburt der Tragödie – Unzeitgemäße Betrachtungen I-IV – Nachgelassene Schriften 1870–1873. München.

Nüsse, Andrea (1998): Muslim Palestine. The Ideology of Hamās. o. O.

Nusseibh, Sari (2009): Mohammed ist der Letzte der Propheten. Das Zeitalter der Vernunft im Islam. In: Gemeinnützige Hertie-Stiftung: Vernunft und Politik im 21. Jahrhundert. Festtagsschrift zum 75. Geburtstag von Roman Herzog. Hamburg: 384–400.

Ourghi, Abdel-Hakim (2017): Muslime werden dazu erzogen, Juden zu hassen. Internet: http://www.fr.de/kultur/antisemitismus-muslime-werden-dazu-erzogen-juden-zu-hassen-a-1408164 (22.12.2017).

Quṭb, Sayyid (1999): In the Shade of the Qur'ān Volume I. Leicester.

Rabkin, Yakov M; Rabkin, Hinda (2009): Perspektiven zum muslimischen Anderen in der jüdischen Tradition. Internet: http://www.tlaxcala-int.org/upload/telechargements/185.pdf (29.07.2017).

Ramadan, Tariq (2017): Islam: The Essentials. o. O.

Rassoul, Muḥammad Ibn Aḥmad Ibn (1996): Auszüge aus dem Ṣaḥīḥ Al-Buḫāryy. Köln.

Reformierter Bund in Deutschland (2014): „Wer Judenhass predigt, bewegt sich außerhalb unserer Gemeinden. Internet: http://www.reformiert-info.de/13333-0-227-2.html (25.12.2017).

Reinhard, Wolfgang (1996): Kleine Geschichte des Kolonialismus. Stuttgart.

Richter, Steffen (2011): Wie Israel den Frieden verspielt hat. Internet: http://www.zeit.de/politik/ausland/2011-01/nahost-akten-palaestinenser-israel (01.12.2017).

Rieger, Abu Bakr (2012): Die Feuerpausen sollten beide Seiten zum Nachdenken nutzen. Internet: http://www.islamische-zeitung.de/index.cgi?id=16296 (05.12.2017).

Rieken, Jakob (2013): Zwei ungleiche Seiten. Internet: http://www.zenithonline.de/deutsch/politik/a/artikel/zwei-ungleiche-seiten-003971/ (02.02.2015).

Rosen, David (2014): Vergessene Tage wieder aufleben lassen. Internet: http://www.islamiq.de/2014/08/09/islam-und-judentum-vergessene-tage-wieder-aufleben-lassen/ (23.12.2017).

Said, Jawdat (o. J.): The Role of religious Actors in Peace-Building. Internet: http://www.jawdatsaid.net/en/index.php?title=The_role_of_religious_actors_in_peace-building (04.12.2017).

Saleh, Mohsen (2007): Hassan Al-Banna's Centenary ... Attitude towards Palestinian cause. Internet: http://www.ikhwanweb.com/article.php?id=820 (17.12.2017).

Schäfer, Susanne (2010): „Fast hatte ich Mitleid". Internet: http://www.zeit.de/zeit-wissen/2010/06/Psychologe-Ariel-Merari/komplettansicht (29.12.2017).

Schwendener, Andreas (o. J.): Der Antichrist oder das Tier aus dem Abgrund (Apk. 13). Internet: http://www.johannesoffenbarung.ch/die_himmel/drache_antichrist.php (01.01.2018).

Sharansky, Natan (2004): Antisemitismus in 3-D. Internet: http://www.hagalil.com/antisemitismus/europa/sharansky.htm (01.01.2018).

Simpson, Colin u. Knightley, Philip (1969): Das Geheimleben des Lawrence von Arabien. Hamburg.

Spiegel Online (2014): Rüstungsindustrie: Israels Geschäft mit dem Krieg. Internet: http://www.spiegel.de/wissenschaft/technik/israels-ruestungsindustrie-milliarden-geschaeft-mit-militaer-technik-a-981379.html (14.12.2017).

Spiegel Online (2015): US-Außenminister: Kerry sieht Israel auf dem Weg zum „Apartheid-Staat". Internet: http://www.spiegel.de/politik/ausland/aussenminister-kerry-usa-fuerchtet-angeblich-apartheid-staat-israel-a-966459.html (02.12.2017).

Stemberger, Günter (1995): Jüdische Religion. München.

Stewart, Desmond (1982): Lawrence von Arabien. Magier und Abenteurer. Düsseldorf.

Stillman, Norman A. (1979): The Jews of Arab Lands. A History and Source Book. Philadelphia.

Trepp, Leo (1979): Das Judentum. Geschichte und lebendige Gegenwart.

Trepp, Leo (2004): Die Juden. Volk, Geschichte, Religion. Hamburg.

Thorau, Peter (2010): Lawrence von Arabien. Ein Mann und seine Zeit. München.

Thorwald, Jürgen (1979): Aufrechnen bekundet Unwissenheit. In: Spiegel 6: 193–195.

Thurner, Ingrid (2017): Für Muslime gilt die Schuldvermutung. Internet: https://de.qantara.de/inhalt/antisemitismus-und-islamophobie-in-europa-fuer-muslime-gilt-die-schuldvermutung (29.12.2017).

Turan, Hakan (2014): Über die militärischen Konflikte des Propheten mit den Juden von Medina. In: Sarıkya, Yaşar; Bodenstein, Mark Chalil; Toprakyaran, Erdal: Muhammad. Ein Prophet – viele Facetten. Berlin: 195–230.

Unabhängiger Expertenkreis Antisemitismus (2017): Antisemitismus in Deutschland – aktuelle Entwicklungen. Internet: https://www.bmi.bund.de/SharedDocs/downloads/DE/publikationen/2017/expertenbericht-antisemitismus-in-deutschland.pdf?__blob=publicationFile (29.12.2017).

Vierweger, Dieter (2011): Streit um das Heilige Land. Was jeder vom israelisch-palästinensischen Konflikt wissen sollte. München.

Voigt, Johann (2017): Muslime und Juden demonstrieren gegen Antisemitismus. Internet: https://www.jetzt.de/protest/demonstration-gegen-antisemitismus-in-berlin (25.12.2017).

Weiss, Volker (2015): Blutige Gerüchte. In: Die ZEIT 31: 15.

Wildangel, René (2007): Zwischen Achse und Mandatsmacht. Palästina und der Nationalsozialismus. Berlin.

Wilms, Sulaiman (2012): „Die simple Unterteilung in Gut und Böse". Internet: http://www.islamische-zeitung.de/?id=16280 (24.12.2017).

Wilson, Jeremy (2000): Lawrence von Arabien. Die Biographie. München.

Words of Justice (o.J.): Words of Justice: An Art Installation. Internet: http://library.law.harvard.edu/justicequotes/ (22.12.2017).

Zückmantel, Anja; Morris, Benny (2007): Ben-Gurion war ein Transferist. In: Inamo 49: 32-33.

Ibrahim Abouleish
Die SEKEM-Symphonie
Nachhaltige Entwicklung für Ägypten in weltweiter Vernetzung
7. aktualisierte Neuauflage
Info3-Verlag 2016
192 Seiten, zahlreiche Abbildungen, Broschur, € 19,80
ISBN 978-3-95779-027-9
(Auch als E-Book erhältlich ISBN 978-3-924391-77-5)

2013 wurde Ibrahim Abouleish (1937–2017) für die Pionierarbeit der SEKEM-Initiative mit dem Right Livelihood Award (Alternativen Nobelpreis) ausgezeichnet.

Inzwischen hat SEKEM als ein geschätztes Modell für die nachhaltige Integration von Wirtschaft, Bildung und Kultur auf internationaler Ebene Ansehen gewonnen. Die Stimme SEKEMS wird auf dem weltbekannten Wirtschaftsforum in Davos und im „Weltzukunftsrat" gehört.

„Insgesamt sehe ich meinen Beitrag in einer Reihe anderer Bemühungen im islamischen Kulturkreis, die mir heute den Eindruck vermitteln, dass der Islam vor einer grundlegenden Reform steht. Der islamischen Welt und damit auch Ägypten fehlt eigentlich etwas Vergleichbares, was einst Martin Luther für den christlichen Kulturkreis geleistet hat. Das ganze Schicksal der gegenwärtigen Welt scheint mir auf diese Aufgabe hinzudeuten." (*Ibrahim Abouleish*)

Dr. Ibrahim Abouleish, geboren 1937 in Mashtul, Ägypten, studierte Chemie in Österreich, wo er anschließend in der Arzneimittelforschung arbeitete und eine Familie gründete. 1977 kehrte er nach Ägypten zurück und begann nordöstlich von Kairo mit dem Aufbau des SEKEM-Projekts. Zur Landwirtschaft kamen mit der Zeit zahlreiche weiterverarbeitende Unternehmen, pädagogische und medizinische Einrichtungen hinzu. 2012 gründete Abouleish in Kairo die Heliopolis Universität für nachhaltige Entwicklung. Zu SEKEM gehören heute mehr als 2000 Menschen.

www.info3-verlag.de

Martina, Johannes und Tobias Hartkemeyer
Dialogische Intelligenz
Aus dem Käfig des Gedachten in den Kosmos
des gemeinsamen Denkens
Mit einem Vorwort von Gerald Hüther
Info3-Verlag 2015, 200 Seiten, Broschur, € 19,80
ISBN 978-3-95779-033-0

Den Anderen verstehen, eigene verengte Standpunkte überwinden und gemeinsam Neues denken – das ist die Perspektive, die durch Dialog möglich wird. Was den echten Dialog ausmacht und wie wir unsere eigene „Dialogische Intelligenz" wecken können, zeigt dieses praxisorientierte Buch.

Die Autoren tragen aus den unterschiedlichsten Richtungen Bausteine für den gelingenden Dialog zusammen. Sie greifen dabei auf langjährige Beratungserfahrungen in der Begleitung von Veränderungsprozessen in Einrichtungen und Unternehmen zurück. Zahlreiche Experten einer modernen Dialogkultur kommen zur Sprache – ein Werkstattbuch im besten Sinne des Wortes.

Mit einem Nachwort aus dem Umfeld der Friedensnobelpreisgewinner 2015 in Tunesien, bei deren Arbeit die Methode Hartkemeyer eine wesentliche Rolle spielt.

www.info3-verlag.de

János Darvas
Gotteserfahrungen
Perspektiven der Einheit. Anthroposophie und der Dialog der
Religionen.
Info3-Verlag 2009, 144 Seiten, Broschur, € 14,80
ISBN 978-3-924391-41-6

Das Gespräch zwischen den Religionen ist heute notwendiger
denn je. Dieses Buch zeigt, dass über gegenseitige Toleranz hinaus ein Dialog umso mehr gelingen kann, als nicht über festge-
legte Formen gesprochen wird, sondern über nachvollziehbare
Erkenntnisprozesse und zentrale spirituelle Erfahrungen des
Göttlichen, die in den Religionen unterschiedliche Ausdrucks-
weisen finden. Die vorliegende Arbeit bringt in diesem Sinne vor
allem Judentum, Christentum und Islam sowie den Buddhismus
miteinander in Beziehung.

Der Autor scheint für solche Dialoge prädestiniert: biographisch
und spirituell im Judentum und in der Anthroposophie Rudolf
Steiners beheimatet, ist János Darvas vor allen Dingen ein uni-
versalistisch orientierter, lebenslang lernender Wanderer durch
vielfältige spirituelle Landschaften, der persönliche Kontakte zu
den großen Weltreligionen pflegt. In seinem Buch zeigt er, wie
Anthroposophie – eine zeitgenössische „Weisheit des werdenden
Menschen" – aus überkonfessionellem Selbstverständnis heraus
Brücken zwischen den Traditionen schlagen kann, sich aber dabei
auch selbst weiterentwickeln muss.

Janos Darvas, geboren 1943 in Budapest, studierte Philosophie
in Wien und Paris. Seit 1973 Tätigkeit als Waldorflehrer in Frankreich, Deutschland und der Schweiz, seit 1993 an der Freien
Waldorfschule Eckernförde. Langjähriger fachlicher Leiter des
Instituts für Waldorfpädagogik in Solymár/Ungarn. Darvas ist
Korrespondent der Wochenschrift Das Goetheanum. Kommen-
tare und Essays zu zeitgeschichtlichen, spirituellen und religiösen
Fragen in verschiedenen deutsch- und französischsprachigen Pu-
blikationen.

www.info3-verlag.de

Karl-Julius Reubke
Die fremden Gesichter des Todes
Sterben, Tod und ewiges Leben in den Weltkulturen
und Weltreligionen
Verlag Joh. M. Mayer / Info3-Verlag 2008,
240 Seiten, Broschur, € 22,00
ISBN 978-3-86783-005-8

Die Globalisierung wirft die Frage auf, wie die Weltreligionen in
einen fruchtbaren Austausch miteinander treten können. Mehr
noch: Ihr Zusammentreffen wirft neue Fragen und Perspektiven
auf, die ein gemeinsames Nachdenken und Hineinwachsen in gemeinsame Antworten notwendig machen. Im Zentrum dieses Pro-
zesses, so zeigt sich, steht die Frage nach dem Sterben, dem Tod
und den damit verbundenen Anschauungen und Ritualen. Trotz
aller Differenzen scheint sich durch alle Glaubensrichtungen ein
gemeinsames Motiv zu finden, das sich nicht in einheitlichen rituellen Formen sondern in einer gemeinsamen inneren Haltung
äußert. Diesem „Geist der Religion" geht der Autor nach.

Karl-Julius Reubke ist Naturwissenschaftler und arbeitete als
Chemiker in einem deutschen Großunternehmen. Indien ist er seit
1975 verbunden, seit 1995 durch sein Engagement beim schwei-
zerisch-indischen BioRe Baumwollprojekt Im Auftrag des WWF
Schweiz war er 2002 mit einer Gruppe von Preisträgern in Indien.
Auf einem Friedensmarsch mit Rajagopal produzierte er mit Jan
Gassmann den Film „Wort um Wort, Schritt um Schritt", der jetzt
auch in Deutschland gezeigt wird. 2005 wanderte er mit Rajagopal und Ekta Parishad auf einem erfolgreichen Friedensmarsch
für die Landrechte der von Industrialisierung bedrohten Land-
bevölkerung mit. Er ist Mitglied des Ekta Europe Netzwerks und
gründete 2004 in Köln den Verein „Freunde von Ekta Parishad".

www.info3-verlag.de

Robert O. Fisch
Licht vom Gelben Stern
Funken der Menschlichkeit in der Zeit des Holocaust
Mit zahlreichen Illustrationen aus der Hand des Autors
für das Karl König Institut zusammengestellt und herausgegeben
von Anne Weise
Info3-Verlag 2016, 72 Seiten, Broschur, € 18,00
ISBN 978-3-95779-047-7

Der ungarische Jude Robert Fisch wurde als 19-Jähriger von den Nazis deportiert, er überlebte die Konzentrationslager Mauthausen und Gunskirchen und einen Todesmarsch. Nach seiner Befreiung entschied er sich, dass in seinem Gedenken trotz des erlebten Grauens nicht der Hass, sondern die Liebe das letzte Wort behalten soll. In den USA wirkt der Arzt und Maler seither für Toleranz und Mitmenschlichkeit.

„Die wichtigste Lehre, die ich in meinem Leben bekommen habe, ist diese: Dass wir immer menschlich bleiben, jedem gegenüber und unter allen Umständen, egal wie brutal sie auch sein mögen."
(Robert O. Fisch)

www.info3-verlag.de

 **INFO3** VERLAG

Info3-Verlag
Kirchgartenstr. 1, 60439 Frankfurt
Tel. 069-58 46 47, Fax 069-58 46 16
vertrieb@info3.de
www.info3-verlag.de